OSHIGOTO NO KOTSU

明日、会社に行くのが楽しみになる

お仕事のコツ事典

文響社編集部 編／文響社

日曜の夜

あー明日会社かぁ…

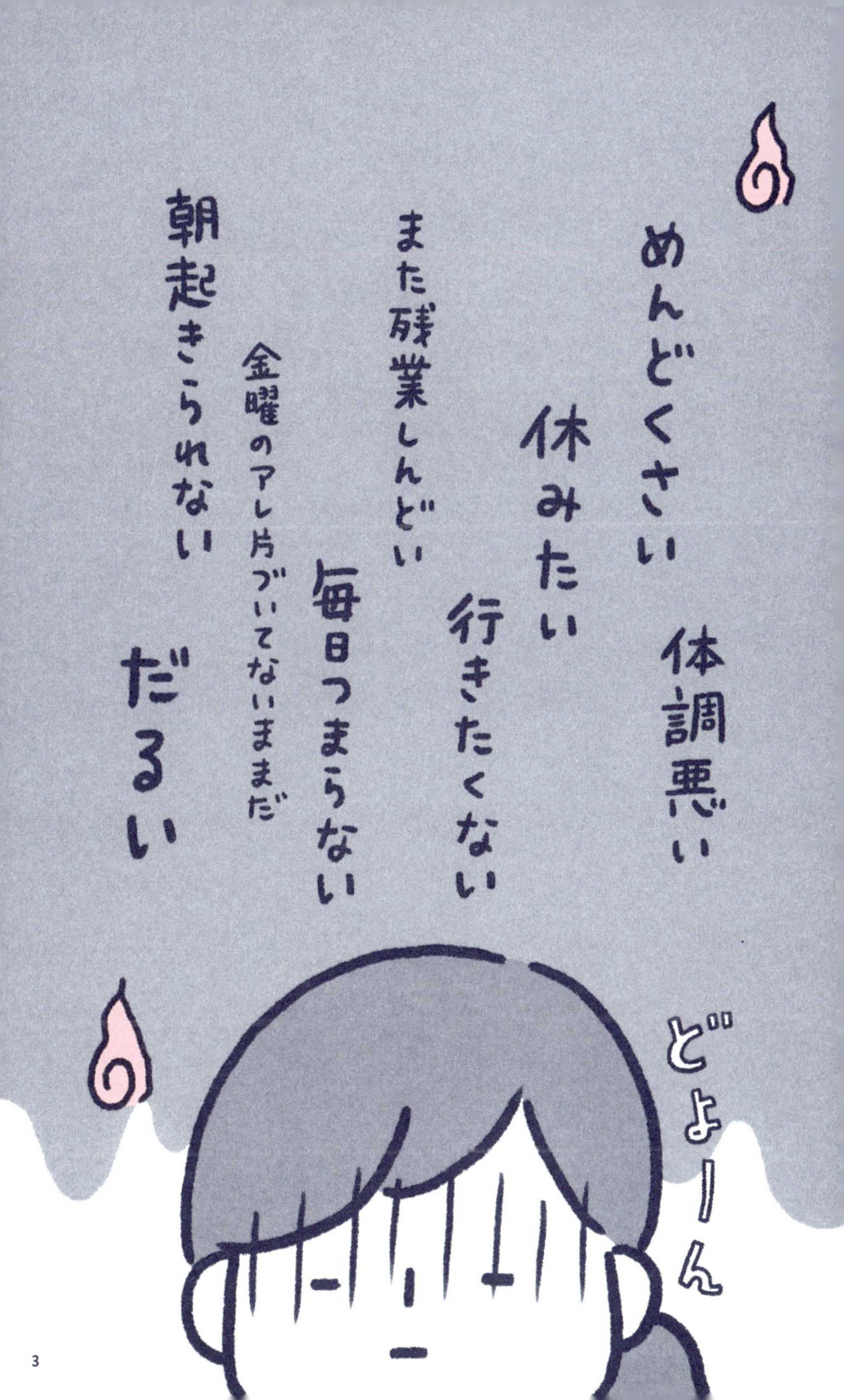
めんどくさい
体調悪い
休みたい
行きたくない
また残業しんどい
毎日つまらない
金曜のアレ片づいてないままだ
朝起きられない
だるい
どよーん

起きて働いて寝るだけの毎日
これでほんとにいいのかな

どうもー
ユニコーンの
うにちゃんだよ
ジャーン
もわ
めんどくさい
休みたい
行きたくない
体調悪い
毎日つまらない
朝起きられない
だるい
もわ
もわ
てて
何!?

君のそのため息、どうにかしてあげるよ

ムシャ ムシャ
めんど
ブチッ
もわ
くさい
たい
何、何、この生き物
体調悪い
毎日つまらない
何か食べてる!?
だるい
もわ
え!?
何!?

ふー
ふー
おなかいっぱい
すっきり目が覚めた
癒される～
人間関係良好
雨の日でも楽しい
通勤風景がキラキラ
電車の中がエンタメ化
デスクにつくと気分が上がる
仕事、おもしろいかも
仕事がサクサク片づく
元気出てきた～

ってなる本、あげるよ

あ、ありがとう…

あやしい…
がしかし…

ペラッ

第1幕 さあ、朝がきた！
～出勤前のお仕事のコツ～

シャキーン
ぷはー

登場人物

なおこ
出版社勤務
内気だが本について
しゃべり出したら
止まらない。
みずき
IT系企業勤務
(事務)
明るく、活発。
最近、ボルダリングを
はじめた。

うにちゃん
ユニコーンの仲間
のんびり、ゆっくり、マイペース。
働く女子のため息を感知しては
天からフワフワっと舞い降りてくる。
仕事を頑張るすべての女子の
やさしい理解者。
ペットはアルパカ。

さえ
IT系企業勤務
(営業)
しっかり者で
姉御肌。
繊細な一面も。

ゆみ
病院受付勤務
おっとり、癒し系。
実はホラー映画が
大好き。

第2幕 では、いってきまーす!
～出勤中のお仕事のコツ～

第3幕 よし、仕事だ、仕事だ！ ～お仕事中のお仕事のコツ～

にやり

最強のパートナー

とろ〜
パンケーキ

呼ばれたら「はい！」より先に目で返事

RRR

第4幕 そろそろ退社か、残業か!?

～1日の終盤のお仕事のコツ～

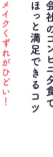

第5幕
「ただいま」は明日のはじまり！
～前日夜からできるお仕事のコツ～

スー
ハー
いい香り〜
プチ
プチ

第1幕

さあ、朝がきた！

～出勤前のお仕事のコツ～

MORNING

あー、仕事行きたくなーい

眠気も吹き飛ぶ！朝のマインドコントロール術

1 朝ごはんに、甘くておいしいものを用意する

「睡眠欲」だらけのベッドから体をひっぱり出してくれるのが「食欲」。濃厚クリームプリン、熱々のコーヒーとドーナツなど至福の楽しみを用意して。

2 熱いシャワーで刺激する

眠気を強制退去させたいなら、ベッドから自動的にお風呂場へ直行。温度と水流の刺激で、リラックスモードから活動モードに変化するので、ぐいぐい覚醒してくるはず。

3 炭酸水で体の内側から目を覚ます

炭酸水は、そのシュワシュワした刺激で、とろんとしていた意識をシャキッとさせてくれます。口の中もすっきり。

4 家の「出発スイッチ」を決める

会社に来てしまえば辛くないのに、家の扉から一歩踏み出すまでがどうにもだるい。そんなときは「この天気予報が終わった瞬間に出る！」「このコーヒーを飲み干した瞬間に出る！」など、出発スイッチを決めておくと体が自動的に動きます。

5 キラキラに力を借りる

キラキラしたアクセサリーを選ぶと、光を集めて反射させるので、気分も華やかになって外に出たくなるはず。ピアス、指輪、ネックレス、ブローチ、ブレスレットに、スワロフスキーやビジュー系のアイテムを身につけて。

6 「とりあえず、今日だけは頑張る」と考える

「休みまで、あと◯日」と考えるのではなく、「とりあえず、今日だけ。今日だけは、行こう」と考えてみて。中途半端に会社を休むと、翌日出勤しづらいこともあるので、その気分の重さとしんどさを天秤にかけてみましょう。

7 会社の近くにお気に入りの店を作っておく

会社近くにお気に入りのコーヒーショップを見つける、朝ごはんを買えるベーカリーを見つけるなど、とにかく自分の体を会社に近づける工夫を。

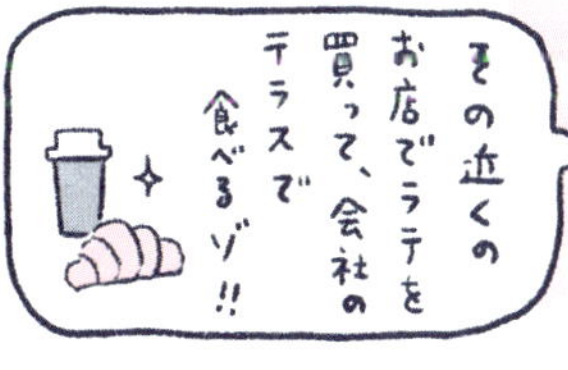

MORNING

たまには思いきって、ずる休みしたい

リアリティのある 言い訳いろいろ

「昨晩から38度の熱が出て、まだ下がらず…」

前日まで元気でも、夜いきなり熱が出るのはよくあること。ちなみに38度の症状は、吐き気がしたり、関節が痛くなったり、悪寒がしたりと、かなり大変。なので病み上がりの出社では、食欲も抑え気味にし、定時で帰って万全でないことをアピールすべし。また、インフルエンザの時期は、聞かれたら「検査したけど違ったんだー」と、しれっと答える心の準備も。

「腹痛で、30分おきにトイレに行ってます…」

「無理して出社しても、ぜんぜん仕事にならない感」を、弱々しい声でアピール。休んだ翌日は「まだ調子悪いんで…」と、終日こまめにトイレに立つ演技も忘れずに。

「生理痛がひどくて起き上がれないんです…」

生理痛は立派な欠勤理由と考えて、堂々と言うのが一番。「ちょっと痛いけど頑張れば行ける」というような日なら、それはずるじゃないので無理しないで休養を。

すいません

ふだんまじめに頑張ってるんだから、たまにはいいよ!

遅刻・早退の場合

「財布を忘れて、とりに帰ってました…」

ない話ではないので、あわてている様子をアピール。「もはやサザエですよね」と、笑いに変えるひとことを添えて。

「運転免許証をなくしてしまって、再交付してきます」

前日に財布を落としたのか、免許証だけをなくしてしまったのかは決めておくとして、悪用されるリスクのある免許証の手続きは最優先事項。自治体によって、手続きできる場所は異なるようなので、警察署なのか免許センターなのか、サイトで確認を。

「昨晩、メガネが壊れてしまって…すぐ直しに行きます」

見えなくっちゃ、仕事にならない！　というような人の場合は使えるかも。「あれ、たまにコンタクトもしてなかったっけ？」なんて疑われないように、いつもメガネオンリーであることが必須。

「かかりつけ医の予約が、どうしてもこの時間しかとれなくて…」

「土日はダメなのか？」「来月ではダメなのか？」など、不審に思われる可能性もありますが、ふだんから所定の医療機関に定期的に通院していることがアピールできていればアリ。

「寝坊しちゃいました、すみません！」

常習犯はダメだけど、潔すぎて、好感が持てる、という人も。嘘をつかなそうな人柄に思われます。

MORNING

通勤服に迷って、遅刻しそう

コーディネートと気温

通勤ファッションの二大悩みを解決

COORDINATION

コーディネートに迷うストレスを減らす

1週間のコーディネートを決めておく

「今日、何着よう?」と、朝バタバタと悩んで決めて、丸1日後悔。または「しまった、今日飲み会だったら、昨日あの服着なきゃよかった」という調整ミスも発生しがち。なので、ざっくりとコーデの見通しを立てましょう。あとは前日に確認し、翌日の天気や気温を見て微調整しておけば、朝は完璧。

シンプルな色でそろえる

クローゼットを見直してみると、ムダに色柄物が多かったりしませんか?　この際、黒、白、ベージュなどのシンプルな色のものを増やしてみると、大人っぽい統一感が出て、組み合わせも考えやすくなります。

ワンピースによろしく

どうしても悩んでしまうなら、上下のコーディネートを考えなくていいワンピースやセットアップを多めに持っておくといいかも。カーディガンやストールなどで差し色を変えれば、週に2回着てもたぶんばれません。

ストッキングやタイツ、大丈夫?

ファッションは、見えない部分が意外とテンションを左右します。ストッキングやタイツに毛玉はないか? ストッキングは伝線してないか?　こういう細部を大事にしていくと、知らず知らず自信がにじみ出てきます。

「今日、コート着るべき？」気温と服の関係

日中の平均気温を基準にすると、下記のようになります。寒がりの人はとくに、最低気温のほうをチェックして、それに合わせると「寒い」を回避できます。

30
25
20
15
10
5

30℃以上

劇的に暑い

通勤時にはノースリーブやフレンチスリーブで涼しくし、会社では軽く羽織物を。

26℃～29℃

暑い

レーヨンやリネンなど、涼し気な素材を選んで。

21℃～25℃

過ごしやすい

朝夜の寒暖差があるので、半袖の場合は長袖の羽織物を。

16℃～20℃

やや肌寒い

体温調節しやすいように、いろいろ重ね着しておきましょう。

12℃～15℃

寒い

トレンチコートはこのゾーンが目安。ニットも活躍する頃です。

7℃～11℃

けっこう寒い

冬物のコートは、このあたりが目安。マフラーも活用しましょう。

6℃以下

劇的に寒い

P46～47を参照して。

もこ
もこ

よりこまかく知りたければ…

地域による違いなど、くわしく知りたいなら、日本気象協会の「服装指数」のサイトがおすすめ。「朝晩は上着がほしい涼しさ」など親切に書いてくれています。

©tenki.jp
www.tenki.jp/indexes/dress/

「気温」と「体感温度」は別物。風が強く吹けば、体感温度も下がっちゃうから、天気予報では風の情報も聞いておくといいよ。ピュー

MORNING

今日は大事な予定がある

第一印象を制する！ イベントから逆算した服選びのコツ

パンツか？ スカートか？

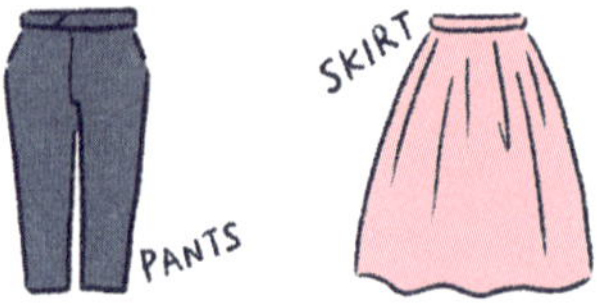

ふだんおとなしそうに見られる人ほど、ここぞというときにパンツをはくとアグレッシブさを印象づけられます。柔軟性、たおやかさ、謙虚さなどを感じさせたいなら、スカートで。「今日は夜遅くなるから、窮屈なストッキングははきたくない」という理由から、パンツにするのもアリ。

ジャケットか？ ノージャケットか？

目上の方に会うときや、とくに「きちんとした人」に見られたいときはジャケットは武器に。そこまで気負わなくてもいい日なら、ノーカラージャケットや、ブルゾンタイプのものを。

色を使うか？ 何色か？

その日、自分が「どうありたいか」「どう見られたいか」で色を選びます。それぞれの色のイメージをざっとご紹介します。

黒	決断力・知性	オレンジ	社交的・親近感
赤	華やか・勝ち気	水色	さわやか・クール
黄	明るい・元気	紺	信頼・誠実
ピンク	やさしい・親しみやすい	茶	安心感・落ち着き

プレゼンがある　“知性＆品のよさ”をアピール

アクセサリーは
シンプルなものを。

髪は低い位置でまとめると、
落ち着いた雰囲気に。

シンプルなワンピース
＋ジャケット、
もしくはシャツ＋
タイトスカート。

プレゼンのときは、人の目線が胸から上に集中するよ。だから、胸元をだらしなくしないように、意識して鏡をチェック!

初対面の人と会う　“清潔感＆信頼感”をアピール

髪型は清楚に、
ヘアアクセなどもひかえめに。

香水はひかえめか、
もしくはつけない。
香水が好きでない
人もたまにいます。

爪や指先をきれいに。
ネイルはナチュラル系
を。名刺交換のとき、指
先は意外に目立ちます。

膝丈くらいのスカート、もしくは、
キリッとしたスーツ。

露出はひかえめに。

靴はしっかり磨く。

MORNING

メイクする時間がない！

やばい、今すぐ出なきゃ！
遅刻しそうな朝の時短メイクのコツ

とりあえず出勤可能な最低限の顔作り4ステップ

STEP1 洗顔料は省略

ぬるま湯で洗顔。これだけでも、充分すっきりするし、肌も潤います。

STEP2 こまごました基礎化粧品を省略

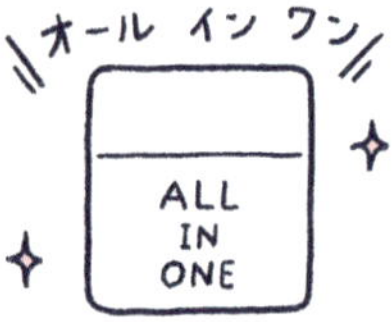

緊急事態用、お泊まり用として、化粧水、美容液、乳液、化粧ベースなどがすべて入ったオールインワンの基礎化粧品を常備すべし。

STEP3 ファンデと眉には注力

肌と眉が整えばきちんとした印象に。ファンデはサッと伸ばせば30秒、BBクリームなら手でなじませるだけ。顔の完成度に影響大の眉を描いたらあとはスルーする勇気を。

STEP4 唇に赤色を投入

顔に色味があるだけで「お化粧感」が出てきます。グロスや色つきリップでもいいので、会社に着く前に、唇にナチュラルな赤みをプラスして。

1分で完了！

三者択一で、ほかは潔く省略！“目力重視”の時短アイメイク

今日はアイシャドウだけ！

濃淡ブラウン系パレットは、人差し指でサッと塗るくらいでも雑に見えないので常備したいアイテムです。3～4色のグラデーションがあるとさらに便利。アイホール全体にはホワイト系やパール系カラーで淡いツヤを、キワには濃いめカラーをオンしてキリリと。涙袋にもパール系をのせれば、目全体がキラリ。

今日はアイラインだけ！

まつげの根元の肌色だけを、徹底的に塗りつぶします。黒目がちの、大きな瞳のできあがり。

今日はマスカラだけ！

まつげが際立つと目全体の存在感がアップします。下まつげだけでも、目元くっきりの印象に。

「眠そう」まぶたをすっきりさせる

30秒マッサージ

親指で目の上の骨をギュッと押し上げる（3秒×3回）。

人差し指で眉毛をギュッと押し上げる（3秒×3回）。

目のまわりを指のはらでやさしくプッシュ。

起きた瞬間やばい、って日は、もうマスクしかないよ。メガネとマスク、こんな日のために用意だよ

MORNING

この髪、ひどすぎ

ボサボサ… まとまらない…
朝、髪で悩まないための策あれこれ

寝グセがひどいよ… ごまかすよ!

SHORT HAIR

ショートの場合

ワックス＋ヘアアクセサリーでアレンジ

①毛先や、毛束を少しとって、部分的にワックスをつけ、寝グセを活かして無造作ヘアに。

②カチューシャなどで、キリッとおさえて、落ち着いた感を出してできあがり。

MEDIUM HAIR

ミディアムの場合

サイドアップのアレンジ

サイドをねじって、後ろでアップにします。ボサボサ頭は、「手ぐしで無造作」を作るのにぴったり。

LONG HAIR

ロングの場合

ねじりアップのアレンジ

①手ぐしでささっと髪をまとめ、耳の少し下くらいの位置でポニーテールを作ります。

②結んだゴムの上の部分を2つに分け、ポニーテールの毛先を分け目の間に通して、完成。

そもそもなんで、寝グセってつくの？

洗った髪を充分乾かさないまま、眠っていませんか？

髪は濡れたままだとキューティクル（髪の表面の組織）が開き、水を吸いすぎて広がってしまいます。それが、寝起きのパサパサ＆ボサボサ寝グセの原因です。寝グセを予防するなら、髪はしっかり乾かして寝る！　これを習慣にしましょう。

翌朝まとまる！ 髪の乾かし方、正しい順序

1
ふんふんふーん
ゴー

まずは根元をしっかりブロー

髪をかきあげて、空気を入れながら乾かしていきます。

2
うぉううぉう
おー
ゴー
45°

中間は、髪に対してななめ45度の角度で

根元から毛先にかけて重なっているキューティクルの流れにそって、ドライヤーをあてます。

3
鼻歌ってついつい熱唱しちゃう
ゴー
うふふ

上から下に、風をあてる

猫の手のような仕草で内側から手ぐしをしながら、毛先を落ち着かせていきます。

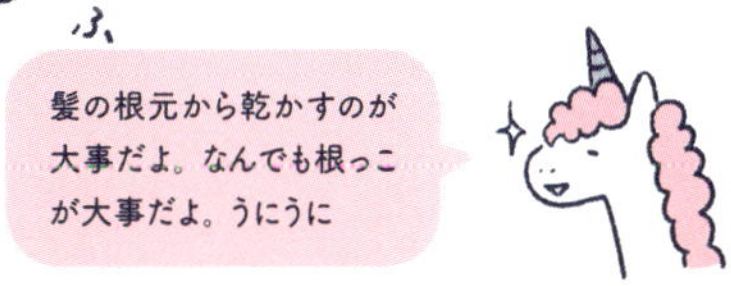
髪の根元から乾かすのが大事だよ。なんでも根っこが大事だよ。うにうに

MORNING

ヘアスタイル、何だかイマイチ 今日は気分を変えたい、そんな朝の マンネリ脱出1分ヘアアレンジ

定番スタイル

前髪を、分け目にそってななめ分け

HAIR ARRANGE 1

ピンで耳かけにする

かわいいピンで顔まわりが華やかに。単なるななめ前髪からグレードアップ。

HAIR ARRANGE 2

ポンパドールでおでこをちょい出し

輪郭の面積が広がり、元気でハツラツとした印象に。

HAIR ARRANGE 3

カチューシャをつける

流行もありますが、シックな色のものが1つあると便利。

定番スタイル

セミロングで、いつも1つに結んでいる

HAIR ARRANGE 1

結ぶ高さを変えてみる

ポニーテールまでいかなくても、少し位置を上げるだけで若々しく元気な印象に。

HAIR ARRANGE 2

後ろで低め
お団子を作ってみる

1つに結んだら、髪先を少しずつゴムに巻きつけて根元をUピンで留めて。帽子にも合います。

HAIR ARRANGE 3

編みこみしてみる

編みこみして1つにまとめると、グッとお姉さんらしい印象に。

髪型には意外と流行が出るから、美容院で「最近おすすめのまとめ髪あります？」と聞いてみるといいよ。うにうに

MORNING

どうせ会社行くだけだし…

出勤前の顔がキュッとひきしまる！

美意識が高まる言葉

笑顔は
女の子ができる
最高のメイクよ。

——マリリン・モンロー

体型に合わないんだったら
どんなに好きな格好でもしません。
その場にマッチしないと予想できれば、
お気に入りの服もあきらめる。

——吉永みち子

精一杯咲くと、
どんな花も美しい。

——「植物画の奨め」広告欄掲載の言葉

20歳の顔は自然から授かったもの。
30歳の顔は自分の生き様。
だけど50歳の顔には
あなたの価値がにじみ出る。

——ココ・シャネル

女性が自分は完璧に着こなしていると思っている場合、その状態の自分を放念できる。これを魅力と呼ぶのである。そして自分自身を放念することができるようになればなるほど魅力は増していく。

——フランシス・スコット・フィッツジェラルド

口紅は
世界に対する
女の鎧。

——キーラ・ナイトレイ

女性は九〇歳になっても爪には
マニキュアを塗るべきです。

——アナイス・ニン

私たちは朝夕鏡を見る。鏡を見て自分を知ったつもりでいる。だが私たちが本当に見なければならないのは自分の後ろ姿なのである。

——佐藤愛子

MORNING

伝線しないでほしいだけ

ストッキングとの上手なつきあい方

第２幕

では、いってきまーす！

～出勤中のお仕事のコツ～

MORNING

いつもと同じ道、あきたなぁ
マンネリな風景がキラキラする通勤がちょっと新鮮になるコツ

① 今日の雑談ネタを探す

いつも見ている何気ない風景も、「人に話す」という視点から見ると「情報」になるもの。たとえば「柴犬の散歩」だけじゃなく「いつも柴犬散歩させてるおじさんがいるんだけど、猫のTシャツばっかり着てるんだよ」などと話せば、同僚とひと盛り上がりできます。

② 季節の変化を植物で知る

四季折々の移り変わりは、日本ならではの楽しみ。毎日見る「マイ木」を決めて、景色に愛情を。

〔**うめ**〕木に5～6輪の花が咲いたら、開花と思ってOK。沖縄では1月中旬から開花がはじまり、2月末には中国・近畿・北陸、関東の一部などでも開花します。3月、4月にかけて北陸・東北地方、4月下旬から北海道のほうでも開花するとされています。

〔**いちょう**〕黄色く色づくいちょうの木。10月下旬に北海道や東北の一部で黄葉がはじまり、11月後半には関東・北陸、近畿・中国・四国・九州の一部の地域に達します。関東・東北などの太平洋側は、11月終わりから12月はじめにかけて黄葉が。

③ 名もなき草花に思いをはせる

道端のコンクリートの間から生える名もなき（本当はあるんだけど！）草花の名前を知りたければ、こんな本もおすすめです。『カラー版　スキマの植物の世界』（塚谷裕一著、中公新書）、『花と葉で見わける野草』（近田文弘監修、亀田龍吉・有沢重雄著、小学館）

④ 神社で神聖な気分に

駅までの通り道に神社があれば、立ちどまってお参りすると心がすーっと澄んでいきます。神社がなければ、神社のある方向に向かって遥《よう》拝《はい》（遠いところから拝むこと）するだけでも◎。「今日のプレゼン、万事うまくいきますように」と、近所の神様を味方につけて、いざ出勤。

⑤ 数字で占い

たまたま見た腕時計、道路標識、街中のデジタル時計などなど、パッと目にした数字でその日の運勢を占ってみては？

0「**無／白紙**」➡どんなことにも、初心にかえって取り組もう
1「**一番／最高／リーダーシップ**」➡その決断に自信を持って
2「**協調性／調和**」➡トラブルを上手に避けられそう
3「**達成／成功**」➡商談やプレゼン、思いのほかうまくいくかも
4「**完成／安定／基盤**」➡落ち着いて仕事をこなせる1日に
5「**行動力／好奇心**」➡何事も行動にうつそう
6「**神秘的／美**」➡あなただけのいいところを、きっと誰かが見ていてくれる
7「**幸運／勝負強さ**」➡ここぞというときに、賭けに出てもいい
8「**繁栄／豊かさ**」➡持っているものを、周囲とどんどんシェアしよう
9「**発展途上／ひらめき**」➡伸びしろ充分、なんでも吸収しよう

MORNING

交通手段、変えてみようかな

風をきって爽快に！ 自転車通勤したくなる準備と選び方

自転車通勤のいいところ

- さっそうと出勤できる
- 満員電車に乗らなくていい
- 四季の変化が楽しめる
- 交通費がかからない
- ダイエット、体力作りになる

自転車通勤をはじめるまでのプロセス

まず地図で、自宅から会社までの距離を検索。何キロあるのか、どのルートがベストか調べ、休みの日に一度、走ってみましょう。所要時間は5kmで20分程度。また、会社近くの駐輪場を探して、申込手続きなども済ませれば、準備は完璧です。

ルート検索向きのサイト

◎自転車大好きマップ
www.bicyclemap.net
駐輪場やトイレのアイコンなどを貼りつけて、オリジナルのサイクリングマップが作成できる、自転車愛好者向けのサイト。

自転車選びのコツ

今まで自転車を持っていなかった人も、これらのポイントに注意してお店でライドオン！

POINT.1

大まかな種類

価格も考慮すると、通勤自転車向きなのは、主に「クロスバイク」「マウンテンバイク」の2つ。「クロスバイク」は街中を走るのに適していて、「マウンテンバイク」は段差やパンクに強く、乗り心地も快適。

POINT.2

車体の重さ、素材に注意

いわゆる「ママチャリ」は、約20kg。通勤用には、できれば14kg以内に収めると、坂道や向かい風でも走りやすいので、理想的。軽さ重視なら、オールアルミ製を選んで。鉄製は安価だけど、重いうえにサビやすいというデメリットが。

POINT.3

できるだけ、ギア数が多いものを

ギア数が多いほうが、急な坂道や高速運転にも対応できます。

POINT.4

パンクに強いタイヤを選ぶ

通勤途中にまさかのパンク…は避けたい。でこぼこ道や砂利道がないかなど、事前にルートの道状況をしっかり把握するのも、自転車選びのコツ。

軽さや素材を重視した自転車は、大体3～5万円。1万円以内で買えるママチャリと比べると、「高い！」かもしれない。でも、長く継続すれば、元はとれるよ

ねぇ、バッグはどうするの？

両手があくようなショルダーバッグや、サイドバッグがおすすめ。前カゴに荷物を入れるよりも、安定感があります。

バイクアクセサリーで遊ぶ！

- ベル、サドルカバーをつけ替えたり、ハンドルカバーやカゴカバーをつけるだけで、雰囲気がぐんと明るくキュートに。
- 暑い季節、信号待ちでの水分補給や、途中小休止したいとき用に、ペットボトルホルダーやカップホルダーがあるととても便利。
- リフレクターは、安全のためにも欠かせないけれど、色や形もいろいろあるので、お気に入りのキーホルダーを選ぶ感覚で探してみると◎。

MORNING

交通手段、変えてみようかな

車通勤、もっと楽しみたい

究極のひとり時間のすごし方

①景色のいい場所で、ひとり朝ごはん

小高い丘や、湖が見える場所などに車を停めて、ひとり至福の朝時間。これぞ、車ならではのメリットです。ハンドルをテーブルにできる市販のアイテムを使えば、運転席でノートパソコンを開いてメールチェックもできてしまいます。

②こっそりボイトレ

見られたら恥ずかしいけど、個室だからこそできる「ひとりカラオケ」。歌が上達する簡単なボイトレの1つに、「リップロール」という方法があります。これは、唇をブルブル震わせながら声を出すというもの。高い声、低い声、裏声、地声などで試してみて。

③毎朝、マイカー寄席

「落語」は、耳で聴くエンターテインメント。人情噺から艶噺、怪談まで、物語の種類もよりどりみどり。意外とハマるおもしろさです。図書館でCDも借りられます。

おすすめ演目　だくだく、茶の湯、まんじゅうこわい、壺算、千両みかん、時そば

④ラジオで感受性を磨く

映像がないぶん、想像力を働かせることになるため、脳が活性化するといわれています。また、情報収集に集中できるので、集中力もアップするのだとか。とくにおすすめの番組は、ラジオドラマ。頭の中で物語の舞台を想像しながら聴いてみて。

⑤毎朝聴くラジオ番組にリクエスト

番組にだんだん愛着が湧いてきたら、ぜひ曲のリクエストを。番組ごとにメールでリクエストもできるので帰宅したときに送ってみて。毎朝「今日はかかるかな～」とドキドキするので、朝から刺激的。意外と読まれたりするものです。

MORNING

寒くて外に出たくない

冬でもぽかぽか春気分

完全防寒マニュアル

私、脱いだらスゴいんです

上半身のリアル…

シルクのキャミ

＋

ババシャツ２枚

＋

腹巻き

絹の力！

シルクは、保温効果も高いうえに、人間の皮膚とほぼ同じタンパク質から構成されていて、人肌ととても相性がいい素材。直接肌に触れる下着や腹巻きなどに選ぶと気持ちいいんです。

下半身のリアル…

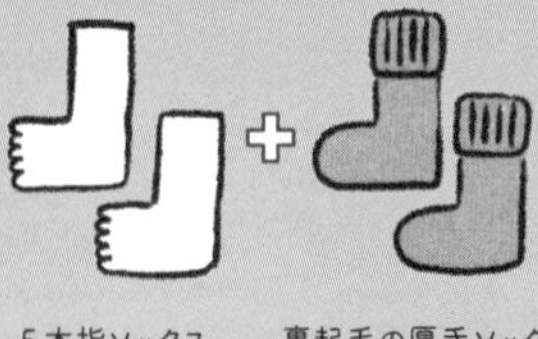

５本指ソックス ＋ 裏起毛の厚手ソックス

＋

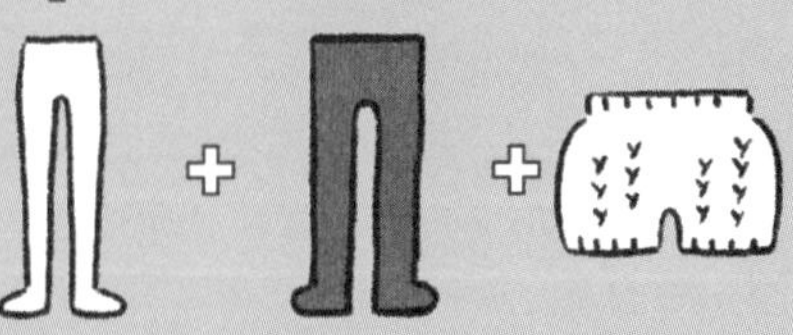

薄手のナイロンストッキング ＋ 裏起毛の厚手タイツ ＋ もこもこニットパンツ

ストッキングの素材は、綿やウールのほうが、ナイロンよりもダンゼン保温効果バツグン。

見た目無視! のマトリョーシカスタイル

イヤーウォーマーで耳ガード

意外と見落としがちなのが、耳。耳を寒風から守るだけで、ほっとします。ファー素材は、過酷な自然を生き抜いた動物の恩恵を受けられるアイテム。一度買ったら、どうか長く愛用して。

帽子

究極の頭の防寒は、ロシア帽! でも、さすがに通勤にはちょっと…というときは、シンプルにニット帽でカバー。

セーターはタートル

何といっても、首まわりを温めるのが大事。冬場は週4タートルだってOK。リブ編みからモヘアまで、複数のタートルネックをそろえておいて。

カシミヤのマフラー

カシミヤは、ウールよりも繊維が細く、目がこまかいため温かさはバツグン。少し値段は高いけど、その分長く使えます。顔にも触れるマフラーは、なめらかで温かいカシミヤ素材を。

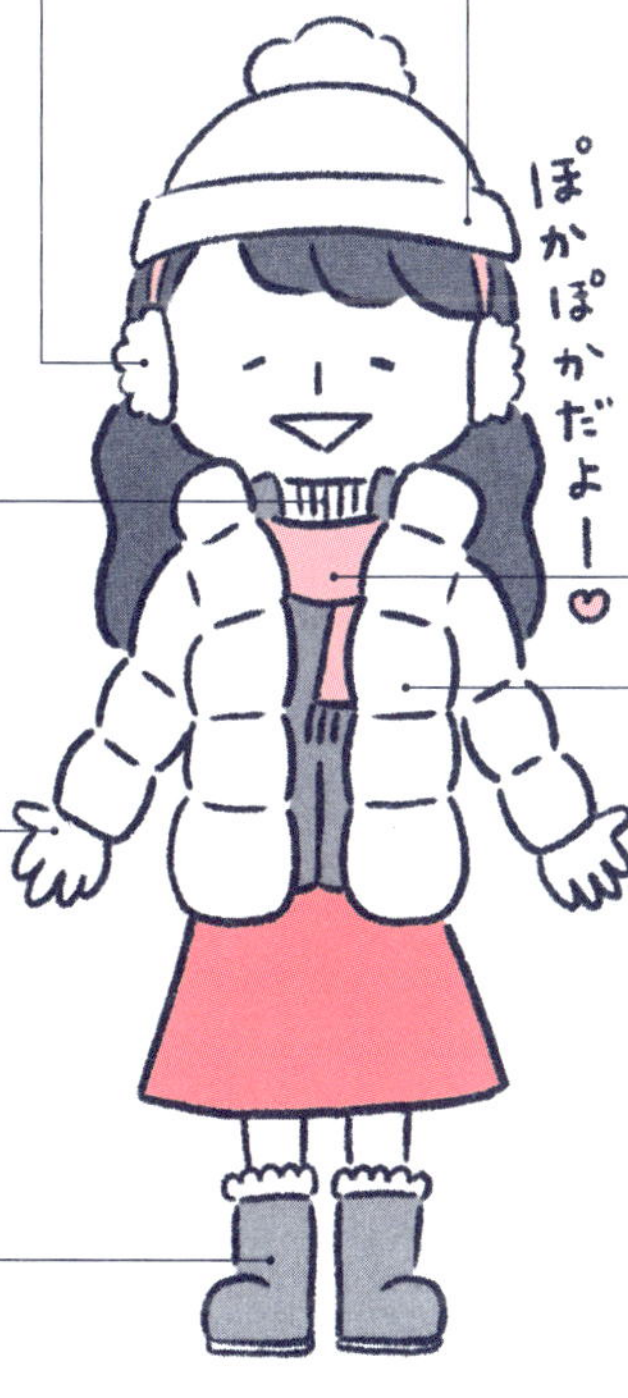

手首が隠せる手袋

動くと意外と風が入ってくる手首。試着するときに、すきまができないかをチェックして。

ダウンの下にフリース

フリースは、「中間着」といわれ、登山などでウインドブレーカーの下に着て保温性を発揮する素材。さすがに会社にウインドブレーカーは…という方は、ダウンの下に薄手のフリースを1枚着てみて。

ムートンブーツ

足が冷えると、体全体が冷えた気分になるので、ぜひ取り入れたいアイテム。すきま風も無縁。温感インソールや靴裏用カイロを併用すれば、極寒の冬でも汗だくの域に。

夏がきた? 錯覚あったかアイテム

よもぎ温座パッド

生理用ナプキンみたいに、下着に貼るカイロのようなもの。「今日は1日外にいないと」という日など、とくに寒さ対策必須の日におすすめ。体の芯からぽかぽかする温かさは感動ものです。

つま先用カイロ

靴に敷いたり、靴下の上下から挟みこんだりするタイプがあります。足湯のような温かさは、一度使うとやみつきに。

MORNING

暑くて外に出たくない

会社に着くまで「涼しい」をキープ!
猛暑日の「汗」通勤を快適にする

絶対避けたい"脇汗"三重対策

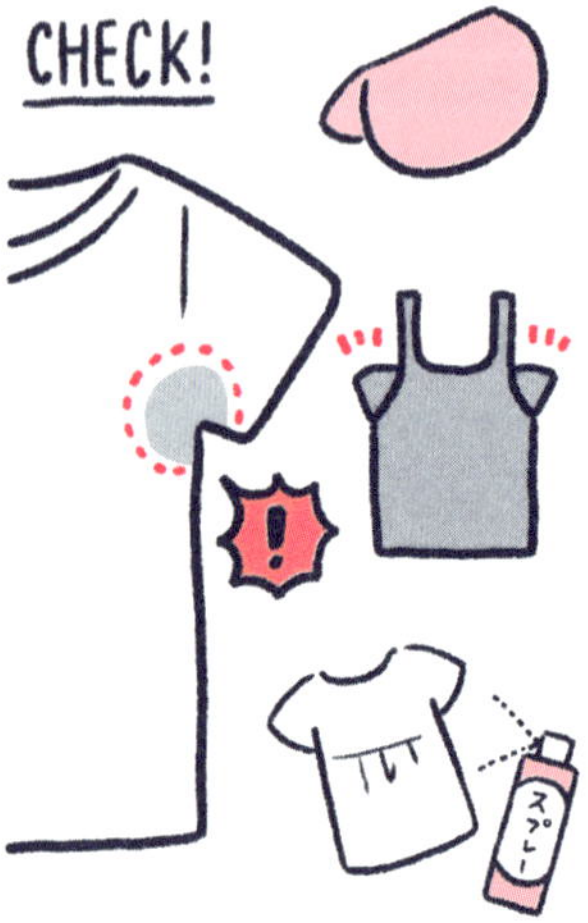

①汗取りシート

服に貼って汗を吸収。ノースリーブ用もあるので、2種類ほど持っておくと安心。

②汗取りパットつきインナー

半袖やシャツなどを着るときは、脇の下まで見えないのでこちらがおすすめ。洗濯すればくり返し使えるので、経済的です。

③服に撥《はっ》水加工

汗じみ防止スプレーなるものがあるので、脇や背中にスプレーしておくと撥水効果が。洗濯するまで持続します。

さらに徹底したいなら、ミョウバン水

スーパーやドラッグストアで、100円程度で買えるミョウバン。消臭・抗菌・制汗作用があるといわれてきました。小さなスプレーに移しかえて、外出先や臭いが気になったときにひとふき。

材料

- ミョウバン20g（大さじ1ちょっと）
- 水500ml
- ペットボトル

作り方

ペットボトルにミョウバンと水を入れ、フタをしてよくふり、一晩置いておく。無色透明になったらできあがり。

※初めて使用するときは、必ず腕の内側などにつけてパッチテストを行ってください。水が傷むので、早めに使いきります。

暑さを忘れて涼しい顔！

出かける前に
シュッ
冷却
ひんやりする
いろいろ
あるよ！

冷却スプレーで、シャツひんやり

出かける前に、服にひとふきするだけで、冷感が1〜2時間持続する冷却スプレーもあります。暑いけどジャケットを着ないといけないときなどに重宝。

「雪山で吹雪」の動画を見る

「暑い」と対極にある「寒い」を視覚から想像することで、頭の中に冷気を注入。そのうち「ああ、こんなに寒いよりは、暑いほうがマシだな」と思えてくるはず…。

かわいい扇子を持ち歩く

コンパクトに折りたためるので携帯に便利。駅のホームや、ふと立ち止まったときなど、少し顔に風を送るだけで、すーっと汗が引いていきます。

保冷剤を巻いたハンカチを首にあてる

首には太い血管が通っているので、首まわりを冷やすと体温を下げられるといわれています。脇の下も効果アリ。

臭いが気になったら、濡れタオルを使う

臭いの元は肌についた雑菌が原因なので、乾いたタオルより濡れタオルのほうが効果的。そこで、アロマオイルを少し垂らしたタオルハンカチと、フリーザーバッグを用意して。会社の化粧室で、タオルハンカチを水に濡らして絞り、体の臭いが気になるところをふきます。使い終わったらフリーザーバッグへ。アロマオイルの香りで気分もリフレッシュできます。

単色なら白や黒、柄物なら白黒のボーダーや細かい花柄は、汗じみが目立ちにくいよ。うにうに

MORNING

汗でお化粧がくずれるのがイヤ

くすみ、テカリ、かさつきを最小限にする

汗に負けないメイクのコツ

化粧くずれしにくい肌作りの基本

SKIN CARE 1

毛穴をひきしめる

洗顔後、冷たいタオルや保冷剤をくるんだタオルを肌にあてます。毛穴をひきしめるだけで、化粧くずれ予防に。

SKIN CARE 2

保湿をしっかりする

湿度が高いと、何となくしっとりしてるから、と保湿ケアをさぼりがちに。肌の乾燥も化粧くずれの原因になるので、保湿効果の高い化粧品を規定量使って。

SKIN CARE 3

ファンデをすぐ塗らない

ファンデーションを塗るのは、化粧水、乳液、美容液を、しっかり肌に浸透させてから。美容液が肌になじんだ5分後くらいから、ファンデを塗り重ねるとヨレません。

SKIN CARE 4

余分な皮脂をしっかりとる

鼻まわり、おでこなど、皮脂の出やすいところを油とり紙でおさえます。

汗に強い、ポイントメイクのコツ

コツ1

落ちないマスカラは？

●ウォータープルーフ
汗、水、皮脂に強い。落ちにくい分、専用のリムーバーが必須。

●ウォーターレジスタンス
汗や水に強い。

●フィルムタイプ
ウォーターレジスタンスのタイプの1つで、お湯でとりやすいのに皮脂には強いのが特徴。

コツ2

“眉、消失”を回避するには？

メイク前に、眉にたまりがちなファンデの油分を湿らせた綿棒でサッとひとふき。メイク後は、眉にもフェイスパウダーを軽くオン。このひと手間で落ちにくい眉に。

コツ3

“パンダ目”を回避するには？

マスカラやアイラインの顔料が原因のパンダ目は、涙袋にパウダーをのせてしっかり防止。上まつげの根元のアイライナーも、つけすぎている分は綿棒でとります。

それでも気になるなら、日焼け止めだけ塗って出社して、あとは会社でメイクしちゃえ！

コツ4

メイクしたての色合いを保つには？

「手」と「指」は、立派なメイク道具として活用。とくにアイシャドウやチークは、指で塗ったり手の平でおさえたりしたほうが、こまかいところまで行き届き、肌に密着し続けます。

コツ5

すべすべ感をキープするには？

フェイスパウダーの粒子はこまかいので、皮脂や汗を吸収してくれます。アイメイクくずれが気になるときは、目の下に塗っておくと安心。

MORNING

絶対、焼けたくない！

紫外線を徹底的にカット

通勤時の白肌キープ大作戦

Q そもそも紫外線って何がダメなの？

A 紫外線のダメージは「シミができる」ことだけではありません。肌の弾力を保つコラーゲンを傷つけ、それがシワやたるみの原因になることも。つまり浴びれば浴びるほど、老化してしまう、ということです。

Q 曇りの日は紫外線は少ないよね？

A いえいえ、紫外線は雲を通過してきますよ。晴れの日に比べると6割ほどの通過率ではありますが、少しずつ蓄積されてしまうので、曇りの日でもしっかり対策を。

Q 日焼け止めに書いてあるSPFとPAって、何が違うの？

A SPFは、紫外線B波をカットする力の強さを示します。B波は、表皮までしか届きませんが、肌を赤くヒリつかせ、シミなどを誘発。最大値は「50＋」です。いっぽうPAはA波をカットする力の強さを示します。A波は、真皮層まで深く届いて、コラーゲンなどの弾力繊維を壊してしまいます。最大表示は「＋＋＋＋」です。

紫外線をシャットアウト! する武装スタイル

ツバの広い帽子

日傘同様、UVカット加工されていれば何色でもOK。ツバが7cm以上あれば、顔にあたる紫外線を6～7割カットできるのだとか。

UVカットのメガネ

紫外線は目からも入ってくるので通勤用にUVカットのおしゃれメガネを用意しても。

UVカットのスカーフやショール

冷房のきいた電車やオフィスの冷え対策にも活用可。

日傘選びのコツ

①UVカット率と遮光率って、どう違う?

UVカット率が高いほど紫外線対策向きです。遮光率の高さをウリにしている商品もありますが、これは文字通り可視光線のカット率を重視しており、まぶしさや暑さ対策向き。UVカット率&遮光率ともに高いものを選べば一石二鳥です。

②何色がいい?

UVカット加工がされていれば、何色でもOK。ただし、意外と見落としがちなのが内側の色。地面の照り返しによる紫外線を防ぐなら、内側は濃い色(黒や紺)がベター。

③どんな素材がいい?

厚手の生地のほうが紫外線を通さないため、麻や絹素材がおすすめ。

日焼け止め塗り忘れ CHECK LIST

- □ 手
- □ 耳
- □ うなじ
- □ 鎖骨
- □ 足の甲
- □ つま先

体の中からUV対策

肌を黒くするメラニン色素の生成を抑えるのに欠かせないのが、ビタミンC。摂取してもすぐに体の外に排出されるので、食事やサプリメントからこまめに摂るのが大事です。

日傘は強い陽射しを浴びるから、傷みやすくて、使っているうちに効果も落ちてくるんだって。2～3年が買い替えどき!

MORNING

雨の日は外に出たくない

ちょっとした工夫でOK

雨の日が楽しみになる6つの準備

準備1 **愛せる傘を1本買う**

ゆううつになりがちな日だからこそ、パステルカラーやビビッドな配色、心から愛せるデザインのものを。アパレルメーカーから出ている傘もあるので、好きなブランドで探してみては。

準備2 **レインシューズのない人生なんて**

雨で一番イヤなのが、何といっても足が濡れること。レインシューズを1足買うだけで、雨の日の歩行がこんなに軽やかになるなんて！と感動です。ふつうのブーツにしか見えないおしゃれな長靴もたくさん売っています。

準備3 **撥水性のバッグカバーを用意**

普段使いの通勤バッグをすっぽり入れられるような、撥水素材の大きめバッグカバーを用意。いちいちバッグを替えなくて済みます。みんなうつむいて歩く雨の日だから、晴れの日には持てないような、派手な色柄のものを。

雨の日の注意点

事前準備は？

雨の日にも、いつも通りのものを使いたい。そんなときは防水スプレー。使う直前だと効果がないので、普段使いの靴やかばんには、こまめに防水スプレーを。

避けたい服装は？

裾の長いパンツやスカートは、濡れてシミになるので避けたい。色の薄い服は、デニムや革製バッグの色がうつることもあるので、気をつけて。

準備4

雨モチーフのアクセを買っておく

傘の形のピアス、雨粒みたいなティアドロップ型のネックレスなど、雨に関連した形や色のアクセを探してみて。まわりの人を晴れ気分にさせたいなら、虹モチーフもおすすめ。「どんなにつけたくても、晴れの日はつけない!」と決めると、雨の日が特別な日に。

水たまりを歩くのも
意外と楽しい♪
チャプ
チャプ

準備5

傘立ていらずの傘ハンガーを入手

すぐに自分の傘を見つけられるし、会社のデスクや、カフェの椅子にかければ、どこでも傘立てに。形も色も、いろんなタイプが出ています。

準備6

雨の日のファッションコーデを決めておく

雑誌などで見かけて「いいな」と思った記事をスクラップ。雨の日だけのファッションパターンや髪型を決めておけば、朝の準備が楽しく、スムーズです。

FASHION

テンションもあがるよ

ショートレインブーツ! いつかミニワンピと組み合わせてみたい。

スリムデニムをブーツイン。花柄のレインブーツ、ほしい!

HAIR

広がった髪のサイドをねじるだけで、ボリュームがおさえられる。使えそうなテク。

湿気でうねった髪を三つ編みでサイドに。やってみたい。

MORNING

雨の日はやる気が出ない

雨の日ならではの「今日のテーマ」で仕事を頑張る

雨の日は、ムダにゆううつになってしまいやすいもの。
だからこそ、雨にまつわる言葉を「今日のテーマ」にして、
心を強くしてみてはいかがでしょう。

【意味】
前もって準備しておいて、失敗しないようにすること。

雨の日にゆううつになっているのは、あなただけではありません。職場や取引先の人も不安定な気分になっている日だからこそ、いつもより多めに、いつもより早く、と余裕のある姿が、まわりの人に安心感を与えます。

【意味】
争いごとやトラブルのあとは、前よりもさらにいい状態を作ってくれる。

雨の日は気が立っているので、ささいなことでイライラしがち。ちょっとしたもめごとが起こっても無理はありません。でも、そこでムダに落ちこまないで誠心誠意対処すれば、相手との関係も以前よりよくなるはず。

雨だれ石を穿《うが》つ

【意味】
雨だれのような小さな力でも、同じところに落ち続ければ石に穴を開けるように、粘り強く続けていればいつか成果が現れる。

「毎日こんなことくり返して、意味あるの？」なんて、日々のルーティンワークに首をかしげているなら、雨音に耳を傾けて。小さなことでも手を抜かないあなたの姿、誰かがきっと見ています。

我が物と思えば軽し笠の雪

【意味】
苦しいことも辛いことも、自分のためだと思えば苦にならないことのたとえ。江戸時代の俳人、宝《たから》井《い》其《き》角《かく》の句「我が雪と思へば軽し笠の上」から。

きちんと出社したり仕事を頑張ったりするのは、誰のためでもなく自分のため。面倒な雨の日の出社も、自分で自分を信じるための行動だと考えると、気持ちがニュートラルに。

雨でも元気になれる曲を聴く

♫『雨上がり』
レミオロメン
とにかく爽快。雨がやんだ瞬間からはじまる歌詞と、軽快なテンポ。澄み渡る青空のような歌声に、雨のじめじめ感も吹き飛びます。

♫『群青日和』
東京事変
パワフルでエネルギッシュな曲。どんな豪雨でも、それを力に変えて進んでやろう、という底力が湧いてきます。

♫『雨にキッスの花束を』
今井美樹
うっとうしいはずの雨が、まるで恋愛映画の演出かのように色づいて見える1曲。映像的な歌詞も魅力的です。

MORNING

雨がそもそも気にくわない

雨を好ましく想う気持ち。つまり「愛雨《あいう》の情」が湧いてくる言葉

【青時雨《あおしぐれ》】

青々と茂った木々の葉から落ちる水滴を時雨になぞらえた言葉。

【銀竹《ぎんちく》】

強く降る雨に、雨雲から漏れる光が差しこみ、輝いて見える様子。

【雨夜《あまよ》の月】

雨雲に隠れた月は見えないことから、想像するだけで目には見えないものをたとえていう。逢えない恋人を想うときにも。

雨の名言

晴れた日は晴れを愛し、
雨の日は雨を愛す。
楽しみあるところに楽しみ、
楽しみなきところに楽しむ。
（吉川英治）

いずれやみますよ。
……これまでの雨は、
みんなやみましたからね。
（映画『雨あがる』）

【紅《くれない》の雨】

ツツジ、ボケ、シャクヤクなど、赤色の花などに降り注ぐ雨のこと。

【香雨《こうう》】

よい香りのする雨のこと。

【桜雨《さくらあめ》】

桜が咲く頃に降る雨のこと。

【遇雨《ぐうう》】

たまたま雨に遭遇すること。

【洒涙雨《さいるいう》】

七夕の夜に降る雨のこと。別れを惜しむ牽牛《けんぎゅう》と織り姫が流す涙、あるいは、逢瀬が叶わず悲しむ涙が雨になるのだともいわれる。

山あれば山を観る
雨の日は雨を聴く
（種田山頭火）

雨がふってもブツブツいうまい。
雨の日には
雨の日の生き方がある。
（東井義雄）

雨の音って
ここちいい
ザー

MORNING

通勤電車で座れない

イライラしない私でいたい
席取りにちょっと有利になれるコツ

階段から一番近い列には並ばない

降車客が多い分、乗車までに時間がかかります。階段から遠い側に並べば、階段付近の乗車客が乗車に手間どっている間に、座れる確率が高くなるはず。

暑い日は弱冷房車を選ぶ

弱冷房車には、ほかの車両に比べて人が集まりにくい傾向が。ふつうの冷房車に乗っても満員電車は暑いので、少しでも座れるチャンスに賭ける手も。

3列並びのときは真ん中に立つ

車両ドアは両開きのことが多いので、真ん中にいれば、左右の客よりわずかに早く乗りこめるかも。

こんな人は、いつまでも降りない…かも

- 分厚い本を読んでいる
- 遠くの図書館のシールが貼ってある
- リュックを背負っている
- ゆったり腰かけている
- 遠くの学校の制服を着ている

こんな人が、すぐ降りる…かも

- 窓の外をよく見る
- 時計をチラチラ見ている
- 次の乗車駅を確認している
- 読んでいた本をしまう
- かばんを立てる

それでも立ちっぱなしになったら…

座っているより立っていたほうが、なんと2倍のカロリーを消費するというデータも。30分間座った場合、体重50kgの女性が消費するのは約22kcalに対して、立った場合は約45kcalなのだそう。「座れなかった…」と嘆くより「今私はカロリーを消費している」と、どうか前向きに。

反射する窓からチェックする

意外と死角になっている、後ろの席。窓に反射する後ろの光景を見て、降りゆく人がいるかどうかをチェックして。

MORNING

満員電車がどうも苦手

身動きがとれなくても 満足度アップの乗車テクニック

アロマハンカチ＆マスクで気分爽快

ハンカチやマスクを、好きな香りのポプリと一緒にフリーザーバッグに密閉。または、出かける前にアロマオイルを少しつけて、かばんにしのばせて。隣の人の体臭や口臭が気になったら、すかさず口を覆います。マスクならあらかじめ乗車前に装着しても。香りの力は偉大です。

目視で雑談ネタを収集

電車の中吊り広告は、旬の情報の宝庫。ざっと見ながら、今日取引先や同僚と話すネタを収集し、それについての自分の意見を考えてみては？

ファッションやメイクのコツを盗み見

とくに季節の変わり目、買い物を考えているときに同年代のおしゃれな人を探してみて。口紅の色、かばんの形、ヘアスタイル…。雑誌より早いリアルスナップで、おしゃれ偏差値が毎日上昇します。

瞑想で心に平穏を

目を閉じられるタイミングがあれば閉じて、無理なら軽く目を伏せて、揺れに注意しながら瞑想を。腹式呼吸に集中し、頭に去来する雑念をスルーしていきましょう。足を踏まれても、ぶつかられても、余裕の気持ちが生まれてきます。

雨の日の電車を快適にするには?

濡れた傘は傘袋に入れて

スーパーに置いてあるような、市販の傘袋を持参して、ホームで傘を収納。自分の服も濡らさずに済むし、誰かの服を濡らす心配もありません。

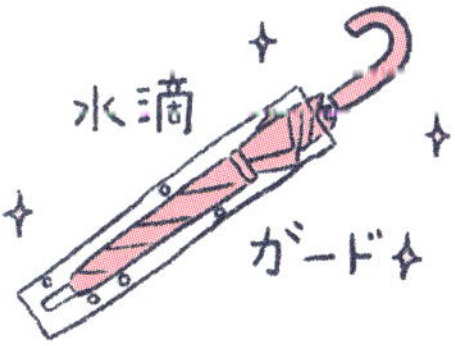

MORNING

電車に乗ってる時間が退屈

ひと駅感覚のエンターテインメント「短い物語」をとことん楽しむ

RECOMMENDED STORIES

通勤時間で読みきれる 超短編＆掌《しょう》編たち

みやびな恋物語に胸が高鳴る

『恋する日本語』
（小山薫堂著、幻冬舎文庫）

「あえか」「偶《たま》さか」「夕轟《ゆうとどろき》」「刹那《せつな》」など、風流な日本語にのせて綴られた恋物語。切ない恋、ときめく恋、哀しい恋…電車に揺られながら、しっとりとした気分に。ふと見上げた先に、出逢いを探してしまいたくなる1冊。

謎解きにハマる

『2分間ミステリ』
（ドナルド・J・ソボル著、武藤崇恵訳、ハヤカワ・ミステリ文庫）

2ページ完結の71の推理ミステリーは、すべてクイズ形式で答えも併記。長編にはないテンポのよさも魅力です。1篇読むのに1駅、謎解きに1駅とするもよし。朝からさながら探偵気分で、さまざまな事件に挑戦！

非日常にトリップできる

『ボッコちゃん』
（星新一著、新潮文庫）

表題作「ボッコちゃん」ほか。1篇読み終えるごとに「隣の人、もしかしてロボット!?」なんて気分にさせられます。何気ない日常に潜んでいるかもしれないおかしな現実に、ドキドキしてくる掌編の数々。

摩訶不思議な旅気分に浸る

『ショート・トリップ』
（森絵都著、集英社文庫）

恥ずかしい歩き方で旅する刑を科せられた男「ならず者55号」、不思議な軌跡を残す旅人「ヒッチハイカー、ヨーコ」、壮大なスケールへと発展する「借り物競争」など、ユーモアたっぷりの旅空間に一瞬でトリップ！

つまみ食いのようなワクワク感

『ショートショート・マルシェ』
（田丸雅智著、光文社文庫）

世界のカフェの雰囲気を閉じこめた不思議な砂糖「カフェの素」、チョコを食べすぎて体がチョコになってしまった女の物語「チョコレート・レイディ」、捜しものが見つかる料理を出す店「捜索料理」など、奇想天外なおいしい物語の数々を堪能できます。

大事な何かが見つかる

『短編工場』
（集英社文庫編集部・編、集英社文庫）

地球滅亡の日が迫る中ある決断をする夫婦の話「太陽のシール」、自分を守る遠い記憶に気づかせてくれた不思議な着ぐるみの話「チヨ子」、仲間を救うためタイムマシン作りに奮闘する少年たちの話「約束」など、未来に小さな希望を見出せる物語。

ひとりきりで読みたくない！

『5分で凍る！ ぞっとする怖い話』
（『このミステリーがすごい！』編集部・編、宝島社文庫）

親友と恋人に裏切られた女の手料理「私のカレーライス」、ある集落の奇妙な慣習と遠い記憶が交錯する「沼地蔵」など、背筋ゾクゾクのホラーの数々。「怖いものは見たい。でもひとりはイヤ！」そんな小心者は、通勤電車で身の毛もよだつ読書タイムを！

斬新なアイデアが浮かぶ

『クリック〜佐藤雅彦超短編集』
（佐藤雅彦著、講談社）

苺の本音を教えてくれる「屈辱」、文具屋の試し書きに隠された秘密がわかる「うなぎ」、お互いの立場が真逆に見えてくる「切手」など、常識を覆す着眼点にはっとする1冊。この本であなたの創造力がクリックされます。

物語ではないけれど、
サクッと読めるこんな本
も通勤電車向き！

MORE RECOMMENDED

『暮らしの哲学　気楽にできる101の方法』
（ロジェ＝ポル・ドロワ著、鈴木邑編、ヴィレッジブックス）
思わず試したくなる体感型哲学アイデア。

『通勤電車で読む詩集』
（小池昌代・編著、生活人新書）
電車の揺れに共鳴する心地よい言葉たち。

『世界クッキー』
（川上未映子著、文春文庫）
読むと世界が切なく愛おしく思えるエッセイ。

『柿の種』
（寺田寅彦著、岩波文庫）
情緒あふれる科学的視点は、発見の連続。

MORNING

移動中、ただボーッとしちゃってもったいない

テーマを決めて、ちょっとずつ達成！

本と映画で通勤時間が有意義に

「通勤時間に本を読むといいのはわかる。でも、本がたくさんありすぎて何から読めばいいかわからない…」そんなときは、何か1つテーマを決めて読書に取り組んでみて。

たとえば、「過去の本屋大賞受賞作全制覇！」とか、「文庫本コーナーに名前がある作家さん」をひとり決めて、全部買ってみる、とか。自分なら手にとらないような本に触れてみることで、新たな世界が広がるかも。

ちなみに本屋大賞は「全国の書店員さんが選んだ一番売りたい本」に贈られる賞。本が売れる現場をもっともよく知る書店員さんから選ばれた作品の数々は、親しみやすさ、おもしろさという点で、読書に不慣れな人でも充分に楽しめる物語が多いのが特徴です。

本屋大賞受賞作品一覧

- □ 第 1 回　『博士の愛した数式』（小川洋子著、新潮社）
- □ 第 2 回　『夜のピクニック』（恩田陸著、新潮社）
- □ 第 3 回　『東京タワー　オカンとボクと、時々、オトン』（リリー・フランキー著、扶桑社）
- □ 第 4 回　『一瞬の風になれ』（佐藤多佳子著、講談社）
- □ 第 5 回　『ゴールデンスランバー』（伊坂幸太郎著、新潮社）
- □ 第 6 回　『告白』（湊かなえ著、双葉社）
- □ 第 7 回　『天地明察』（冲方丁著、角川書店）
- □ 第 8 回　『謎解きはディナーのあとで』（東川篤哉著、小学館）
- □ 第 9 回　『舟を編む』（三浦しをん著、光文社）
- □ 第10回　『海賊とよばれた男』（百田尚樹著、講談社）
- □ 第11回　『村上海賊の娘』（和田竜著、新潮社）
- □ 第12回　『鹿の王』（上橋菜穂子著、KADOKAWA）

MOVIES 100 PROJECT

初心者でも映画を語れる!
年間映画100本プロジェクト

「趣味がほしい」「教養がない」「何かに没頭したい」と思っている方におすすめなのが、このプロジェクト。映画館や家で見ようと思うと少し身構えますが、今は定額見放題の動画配信サービスもあるので、スマホで移動中に見られます。
もし通勤が往復1時間かかるなら、2時間の映画を2日で1本見終えることができ、月20日出社するとしたら月10本は見られる計算なので、もし見られない日が少しあっても、年間100本は達成できます。

「気になった映画を全部見てしまった…」
「次は何を見ればいいかわからない…」
そんなときは、こんな問いかけで
映画を選んでみて!

- 好きな映画の監督作品を制覇する
- 世界三大映画祭(カンヌ、ベルリン、ヴェネツィア)の受賞作を制覇する
- 友人におすすめ映画を聞いてみる

ジャンルの偏りは気にしないで、コメディが好きならコメディを見まくってくわしくなる、というのも1つの手だよ!
気づいたら君はコメディエンヌさ

MORNING

人ごみを上手に歩けない
人波をくぐり抜ける4つの歩行パターン

おすすめ度NO.1

猪突猛進歩行

自分の行く目的方向の数メートル先を見つめ、誰とも目線を合わせず歩く歩行法。「私はこっちに行く!」という迷いのない姿勢が、モーセのように道を切り開いてくれるはず。人の流れがざっとつかめるうえに、急に割りこむ人にも対処できます。

◆自ら率先！で、いい女度アップ

品よく人ごみを歩くコツ

美しくよける

すれ違うときに相手とぶつかりそうになったら、自分から肩をサッと引けば、スマートかつエレガント！

おすすめ度NO.4

対面ミラー歩行

すれ違う人をしっかり見る歩行法。目が合えばサッとよけてくれる場合も。逆に、見つめ合うかたちになると、お互いの進行方向がわからなくなり、立ちどまってしまうことにも。

おすすめ度NO.3

足元凝視歩行

周囲の足の動きを見ながら歩く歩行法。自分が足元しか見ていないと、周囲が自分をよけてくれます。ただ、相手がスマホに夢中だったりすると追突の危険も。

おすすめ度NO.2

コバンザメ歩行

スイスイ歩く人、上手に追い越していく人にぴったりついていく歩行法。これなら、自分から突進してぶつかる危険性も低くなります。

美しく下がる

狭い道路や路地ですれ違うときは、相手とぶつからないように進んで向かい合う姿勢に。心と態度に余裕が生まれます。

美しくかしげる

すれ違うとき、姿勢はそのままに、傘を持つ側の手だけをくいっとスナップ。相手に雨のしずくをかけない粋なはからい。

MORNING

通勤電車で思わずカッとなったら

ぶつかられたときの心のしずめ方

第3幕

よし、仕事だ、仕事だ！

～お仕事中のお仕事のコツ～

DAYTIME

なかなか仕事モードに入れない 秘かな朝の儀式で 仕事スイッチオン！

SPECIAL DRINK
モーニン♪
100%
フレッシュジュース
バリスタの入れたコーヒー

ON スペシャルドリンクの儀式

出社直前に、テイクアウトのコーヒーや搾りたてジュースを購入。朝はまだ多くの刺激を受ける前なので香りに敏感な時間帯です。香りがいいコーヒーや、季節のフレッシュフルーツのアロマ効果で、ひとくち飲むごとにやる気が湧いてくるはず。

HAND WASH & GARGLE
毎日うがいしたら
美声になった気がする
ガラ
ガラガラ

ON 手洗い＆うがいの儀式

神社に参拝したときに、最初に手と口を浄めますよね。同じように、仕事に対して真正面から向き合うために、水の力を借りましょう。うがいをすれば、通勤でイガイガした喉も潤って気分もすっきり。ルーティンにしやすい儀式です。

ON ハンドクリームの儀式

今日1日頑張って働いてもらう「手」に、「よろしくね」の意をこめてマッサージ。指の関節、指と指の間、爪のまわり、手首などにも、入念に塗りこみましょう。指先1本1本をいたわるように「今日も、頑張ろうね」と、声をかけてあげて。

ON ヘアアレンジの儀式

受験生のハチマキの要領で、頭まわりに気合を。仕事用のヘアバンド、ヘアピン、カチューシャなどを用意。始業前にトイレの鏡で髪を結い直したり、ピンで留めたり、前髪アップにしたりして、気分をキリカエ。

ON 3分お掃除の儀式

始業前、携帯のアラームを3分にセット。昨日バタバタと置いて帰った書類を捨てたり、ティッシュを軽く水で濡らしてデスクやキーボード、受話器をささっときれいにしたりすれば、マイデスクへの感謝の気持ちも生まれ、心が整っていきます。

DAYTIME

いまいち、仕事がはかどらない 仕事の能率がアップする「究極デスク」の作り方

目の前の最優先の仕事に集中できる環境を作ろう！ 直近で使うもの以外は机から消しちゃえ。うにうに

引き出し収納のコツ

①仲間同士をまとめる

たとえばよく手紙を書くなら、道具一式（切手、のり、レターセット、愛用のペン）をセットで収納。フリーザーバッグのような透明の袋に入れておけば、一目でわかり、取り出すときも一動作で完結です。

②使用頻度ごとに仕分けする

この際、一度「自分が一番よく使う文具は何？」と見直してみます。使用頻度の高いものは引き出しの手前に入れて。よく使うのに、無意識のうちに遠いところに置いてしまっているかも。いちいち体を傾けている時間をカットします。

③引き出しに役割を

デスク一番上の引き出しは、開く頻度も多いので、使用頻度の高いものを配備。できるだけすきまがないように、収納ケースや仕切り板を購入して。100均で手に入ります。

デスク中盤の引き出しは、分類が難しいものを配備。レターセットや名刺、電池ストック。非常食（おやつ）なんかもここに…。

デスク一番下の引き出しは、使用頻度の低い書類を保管。「2016年1～6月」などと時系列で分けるほか、プロジェクトごとにファイルを用意しても。

カレンダーは2か月先が見通せるものを

先々の予定が見えていたほうが、予測しながら動きやすいもの。電話をしながら、サッと日程を確認でき、見通しが立てやすくなります。

平積み書類は縦置きにしてスペース節約

書類を平積みしているなら、縦置きにチェンジ。たとえばA4の書類が50枚積んであったら、それだけでA4分の面積をとってしまいますが、それを縦置きにするだけで、4mm程度の幅しかとらないのです。その面積差、なんと74倍。

ケーブル類はダブルクリップに

デスクの縁に留めたダブルクリップに、使ってないケーブル類を差しこめば、すっきり収納。ダブルクリップの背にマスキングテープやラベルシールを貼り、それぞれのケーブルの用途を書きこんでおくとさらにすっきり。

デスクの縁に裁縫用のメジャー

「ちょっと長さをはかりたい」そんなときに、モノサシを取り出すのが面倒なときも。あらかじめ机の縁にメジャーを貼っておけば、さっと計測できて便利。

クリップボードで一括管理

直近の仕事に関するメモ、スケジュール、名刺などは、クリップボード上にまとめておくと、備忘録にもなります。

DAYTIME

名刺がぐちゃぐちゃ

すぐ取り出せて、わかりやすい 書類と名刺の完全整理アイデア

書類の整理

まず、もらった日付、作った日付を書く

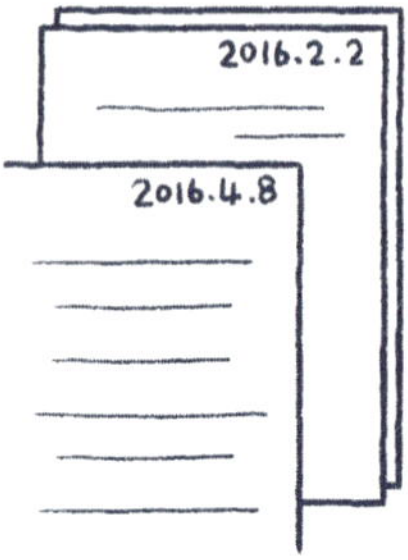

書類に「時間軸」を与えることで、改めて見たときに「こんな前のもの、もういらないよね」と捨てやすくなります。さらに、「こんなに前の案件なのに、まだここからぜんぜん進んでない…」とエンジンをかけるきっかけにもなるので、「テスト用紙にまず名前」と同じテンションで「まず日付」を心がけてみて。

保管してあるだけの書類は封筒にしまっておく

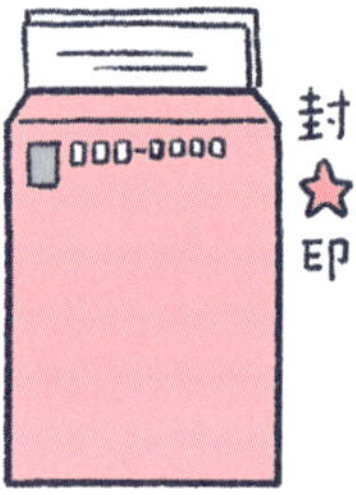

処理が終わったけれど、一定期間保管しておかなければならない、という書類は、クリアホルダーより、封筒に入れておくのがベスト。「書類」というより、ひとまとまりの「物」になっているので、捨てるとき、潔くまるっと捨てられます。

捨てるか迷ったらデータに頼る

「また見るかもな」という程度の資料だったら、PDF化するのがベスト。案外そのほうが、あとで検索しやすくなります。

名刺の整理

名刺ファイルはやめる

名刺ファイルは一見、一覧性があってよさそうに見えます。ですが、スペースが限定されているので、分類通りに入れるのが面倒で大変。1枚のところに2枚入れるとパンパンになるし…。

ボックスなら、名刺の増減にも柔軟＆省スペース

仕切りにカテゴリー名を書き、そこに名刺を入れていけばOK。もし地域ごとに何かを管理する仕事なら「九州」「東北」などエリア名、異なる職種の人と仕事するなら「デザイナー」「印刷会社」といったように。

使う頻度の高い名刺は、一番手前に入れておくなど、取り出しやすい配置にしておきましょう。

「箱がいっぱい」になったら棚卸し

名刺の棚卸しは、「箱がいっぱいになったら」とタイミングを決めておきましょう。迷うものはスキャンしてとっておくなど、物理的にこれ以上増えない工夫を。また、人事異動などで肩書きが変わったら、名刺を最新版に差し替える、メールで聞いたらその場で名刺に修正を書きこむと、あとであたふたせずにすみます。

余裕があったら、その人の「素敵なところ」や「いい言葉」なんかをメモしておくと、事務的な名刺が一気に人情味あふれるものになるよ。ま、そこまでは、めんどくさいと思うけど！

DAYTIME

デスクまわりが殺風景で気が滅入る

元気が湧いてくる！ デスクには「生命力」を飾ろう

生花で「生命力」を

雑貨屋さんで一輪挿しを見つけたら迷わず購入。会社近くの道端に生えた雑草でもいいので飾ってみて。自分のデスクを大切にしようという気持ちが湧いてきます。

卓上ミニ水槽で「気楽さ」を

クラゲや金魚など、ゆら〜り、ふわふわ動く姿は究極の癒し。イヤなことがあっても、見ているだけで「何とかなるさ」と思えます。ただし、長い休みはエサやりなどに注意。本物の命です。

ミニ盆栽で「和の落ち着き」を

小さいけれど、自然の景色が凝縮された盆栽は、無機質なオフィスに静かな心をもたらします。イライラしたときは、深呼吸しながら見つめてみて。

フルーツディスプレイで「ビタミン」を

りんご、オレンジ、グレープフルーツなど、常温で売っているフルーツを、そのままデスクにどーんと飾って。彩りもきれいで、香りで元気になれ おなかがすいたら食べられます。

木のアイテムで「癒し」を

携帯スタンドやペン立てなど、木のアイテムを増やすだけで心が和みます。パソコンやスマホなどのメカっぽさを緩和する小さなオアシス。

ミニ加湿器で「潤い」を

最近では、手の平サイズでスペースをとらない、USBで使える加湿器がたくさん出ています。好きな色、形のものを探して、デスクに加えてみては。

テーマカラーで「ハッピー」を

レモンイエロー、エメラルドグリーンなど、名前に自然のものが入った色でデスクまわりを統一。その色のマスキングテープを1つ買えば、手持ちのクリップやノートも簡単にカラーチェンジできます。

DAYTIME

デスクトップがぐちゃぐちゃ

もう、データの海で溺れない 美しい&楽しいデスクトップのコツ

デスクトップはデスクと同じ！

仕事中、探し物に費やす時間は1日1時間近くになることも珍しくないのだとか。

デスクトップがきれいに整理されていると、仕事の効率アップだけでなく、パソコンを立ち上げたときの気分も爽快です。

① フォルダは1列に収める

こまかい分類ごとにフォルダをデスクトップに出しておくと、混乱のもと。せめて1列で収まる数に絞ると、増えたときに「あ、はみ出した」と感じ、整理しようという気になります。

② 仕事内容に合ったフォルダ分けにする

自分の職種によって、使いやすいフォルダに分けて保存していきましょう。たとえば、複数のプロジェクトが進行している場合はプロジェクト名。営業などで、取引先ごとに検索する場合は取引先名。また、「企画書」「請求書」などのフォーマット名で分類するという手もあります。

③「ファイル名のルール」を決める

例1）日付+日本語表記

20160610_報告書
2016年6月10日報告書

例2）日付+英語表記

20160610_report
20160610_hokokusho

日付と内容はセットにしておくと、検索に便利です。英語表記なら文字化けの心配もなく、どんなパソコンでも読めるから安心！

お気に入りの画像を壁紙にすると、「この上にアイコンを置かないようにしよう…」という気になってくるよ。あとは、顔のあるもの、たとえば動物もおすすめ。顔の上に何かのるのって、ちょっとヤだよね…

④「今日やること」は「左側」

「どうしても直近のタスクをデスクトップに置きたい。じゃないと忘れちゃう…」ということなら、ToDoリストのように使うのもおすすめ。今日することを左側に置く、と決めれば、1日が終わったときに、「あ、これくらい終わった」という達成感も感じられます。また、「進行中のものだけデスクトップに出しておき、あとはしまう」というメリハリもつけられます。

⑤ デスクトップを愛せる画像に

デスクに観葉植物、家族写真、好きなぬいぐるみを置いたりするのと同じで、デスクトップにもお気に入りの画像を配置すると、立ち上げたときハッピーな気分になれます。

⑥「お守りフォルダ」を作る

「見ると元気になる画像」「読むと元気になる記事」などをストックした「お守りフォルダ」を作成。「自分で自分を元気にできる術を持っているんだ」と思うことで、心が折れそうなときも強くいられます。実は、幸福感と仕事の生産性には深い関係があって、「成功した人が幸せになるのではなく、幸せな人が成功する」ともいわれているのだとか。

⑦ フォルダ名で、ちょっとふざける

パソコンのフォルダ名は、自分しか見ないことが多いもの。「資料」や「スケジュール」のように、シンプルでまじめなものにするのも見やすいけれど、「田中と愉快な資料たち」「絶対に負けられない企画書」などなど、自分の好きなノリを反映して、デスクトップで世界観を作るのも悪くないものです。

マウスより速い！
作業時間を大幅短縮！

ワードとエクセルのショートカットキー一覧

◆掲載した情報は2016年7月現在のものです。ご利用時には、変更されている場合もあります。

◆紹介しているショートカットキーは、Windows標準の日本語入力システム「MS-IME」を使用している環境を前提としています。そのほかの日本語入力システムを使用している場合は、操作が再現できない場合があります。

◆本書に掲載されている会社名、製品名、サービス名は、各社の登録商標、商標、または商品名です。本文中では、™、®、©マークは省略しています。

Word ワード　Excel エクセル　共通の基本操作

Ctrl＋A	すべての項目を選択する
Ctrl＋C	選択した項目をコピーする
Ctrl＋V	選択した項目を貼りつける
Ctrl＋X	選択した項目を切りとる
Ctrl＋Z	1つ前の作業にもどる
Ctrl＋S	上書き保存する
Ctrl＋O	ファイルを開く
Ctrl＋N	ファイルを新規作成する
Ctrl＋P	印刷する
Ctrl+F	文章内の検索をする
Ctrl＋H	文章内の置き換えをする

Word ワード　の基本操作

文字入力や変換に役立つ

F6	全角ひらがな
F7	全角カタカナ
F8	半角カタカナ
F9	全角英数字
F10	半角英数字
Alt+Ctrl+C	©（コピーライト）
Alt+Ctrl+R	®（登録商標）

文書の編集作業に役立つ

F12	名前をつけて保存する
Home	カーソルがある行の行頭へ移動する
End	カーソルがある行の行末へ移動する
Ctrl+Home	カーソルを文書の先頭へ移動させる
Ctrl+End	カーソルを文書の末尾へ移動させる

Excel《エクセル》の基本操作

セルの移動に役立つ

Enter または ↓	下のセルに移動
Shift + Enter または ↑	上のセルに移動
Tab または →	右のセルに移動
Shift + Tab または ←	左のセルに移動

セルの選択に役立つ

Shift ＋スペース	行全体を選択する
Ctrl ＋スペース	列全体を選択する

文字入力に役立つ

Alt + Enter	セル内で改行する
Ctrl + Shift + 6	外枠罫線を引く
Ctrl + Shift + _	罫線を削除する

画面表示に役立つ

Alt + Fn + PgUp	1画面左にスクロールする
Alt + Fn + Pgdn	1画面右にスクロールする

「…あ、データがとんだ！」「今までの作業が水の泡…」これ、本当にあった怖い話だよね。文書作成中は、「ひと作業ごとに上書き保存（Ctrl + S）」の操作を体に覚えさせてね

知っておくと
能率アップ!

ワードの小ワザ

Q1. コピーしたテキストを書式なしで貼りつけるには?

A. Alt + H + V + T

ほかの文書からテキストをコピーすると、元のテキストの書式（書体、大きさなど）もそのままコピーされてしまいます。そうしたくないときは、このキー操作を。

Q2. 現在の日付や時刻を一発入力するには?

A. 日付 Alt + Shift + D

時刻 Alt + Shift + T

Q3. 文字を1ポイント大きく、小さくするには?

A. 大きくする Ctrl +]

小さくする Ctrl + [

Q4. 文字を太字、斜体字にするには?

A. 太字 Ctrl + B

斜体字 Ctrl + I　このキー操作はエクセルにも利用できます。

Q5. 下線、二重線を引くには?

A. 下線 Ctrl + U

二重下線 Ctrl + Shift + D

Q6. 上つき文字、下つき文字にするには?

A. 上つき文字 Ctrl + Shift + ;

下つき文字 Ctrl + Shift + −

Q7. 行頭に記号（●）を入れて、テキストを箇条書きにするには?

A. Ctrl + Shift + L

Q8. 文字を中央、右、左、両端ぞろえにするには?

A. 中央ぞろえ Ctrl + E　右ぞろえ Ctrl + R

両端ぞろえ Ctrl + J　左ぞろえ Ctrl + L

知っておくと
能率アップ！

エクセルの小ワザ

Excel
エクセル

Q1. 現在の日付や時刻を一発入力するには？

A. 日付 Ctrl + ;

時刻 Ctrl + :

Q2. 合計を入力するには？

A. 合計を入力したいセルを選択し、Alt + Shift + −

Q3. セルを挿入（削除）するには？

A. 挿入 Ctrl + ;

削除 Ctrl + −

Q4. 表全体を選択するには？

A. 表内の1つのセルを選択して Ctrl + Shift + :

ドラッグして選択するよりも簡単です。

Q5. 文字に取り消し線（下線）を引くには？

A. 取り消し線 Ctrl + 5

下線 Ctrl + U

Q6. %（パーセント）や通貨（¥）の表示形式にするには？

A. % Ctrl + Shift + %

Ctrl + Shift + %を押すと、セルに入力された100倍の数値に%がつきます。
もしセルに「1」と入力されていれば「100%」となります。

¥ Ctrl + Shift + $

Ctrl + Shift + $（ドル記号）を押すと、桁区切りのカンマがつきます。
この表示形式を解除したいときは、Ctrl + Shift + ～（波ダッシュ）を押します。

Q7. 数値に桁区切りのカンマをつけるには？

A. Ctrl + Shift + !

この表示形式を解除したいときは、Ctrl + Shift + ～（波ダッシュ）を押します。

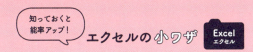

DAYTIME

仕事のモチベーションが上がらない

4つのアプローチで 仕事エンジンをフルスロットルに

1. 1年後までのスケジュールを立てる

目の前の仕事しか見えなくなってしまうと、義務感が強くなり、やりがいが見えづらくなってしまいがち。いったん区切って、今日から1年間のスケジュールを立ててみましょう。1年後、仕事でどんな成果を出していたい？　とイメージすると、今日１日の仕事の回転率も上がるかも。

2. 1つの課題を、ゆっくり、ていねいに

やる気が出ないときは、総じて疲れているときが多いものです。そんなときは、全部を完璧にやろうとしないこと。最優先事項を1つに絞り、あせらず、落ち着いて取り組むことです。キーボードを打つ手もスローダウン、字を書くときも一字一句ていねいに。集中しているうちに、少しずつやる気も回復していきます。

3。仕事をしていない自分を想像する

もし仕事を辞めたら、どうなるか想像してみてください。お金は？　暮らしは？　趣味は続けられる？　好きなものを食べられる？　友達と遊べる？　お金がすべてではないけれど、仕事で得る収入で手に入る、“自由”と“自立”があります。

子供の頃の夢
文豪
仕事があるって幸せなのかも…

僕の場合は「この仕事で喜んでくれる人がいる！」ってことを、具体的にリアルに想像してるよ。身近な人でも、見ず知らずのお客さんでもいい。その笑顔のためなら、人間って頑張れるんだ。…あ、僕ユニコーンだった！

4。子供の頃の自分を思い出す

小さい頃、どんな夢がありましたか？　自由に未来を思い描いていたあの頃の自分も、今と同じように一生懸命だったはず。そんな子供の頃のあなたが今のあなたを見たら、どう感じるでしょう。隣で小さな自分に応援されている気分で、目の前の仕事に取り組んでみると、その子に恥じないように頑張ろうという気持ちが湧いてきます。

DAYTIME

ルーティンワークはつまんない

単純作業は、段階ごとに「小さなごほうび」作戦でクリア

作業の段階ごとに「ごほうび」で小さな達成感！

ルーティンワークは、根気と集中力がものをいいます。漫然とダラダラ進めるより、小休止を挟んだほうが、仕事を「追っている」感覚が得られて楽しくなります。段階ごとに自分へのごほうびで、リフレッシュ！

ここのフセンまでできたら…チョコ&コーヒー！
お茶
ここのフセンまでできたら…コンビニで夕食調達！
ヨシ！
ここのフセンまでできたら…今日の仕事は終了！

BGM効果で単純作業がリズミカルに！

職場によってはNGかもしれませんが、お気に入りの音楽や、ラジオ、モチベーションアップしそうなBGMがあると、単純作業がはかどるときも。運動会の定番「天国と地獄」「クシコス・ポスト」「ウィリアム・テル序曲（スイス軍の行進）」「道化師のギャロップ」あたりのクラシック曲は、作業の手が一段とスピードアップしそう。

すべての仕事をリストアップして、消去法で達成感！

1日の全仕事をリストアップすれば、自分の仕事の全体像が明確になります。そして、それぞれの項目が終わるごとに、消去。1項目を15分単位くらいに分割し、なるべくこまかくしておくのが達成感を得やすくするコツ。終了予定時刻の目安も書いておくと、気持ちもひきしまり、よりスリリングに！

昨日の自分との勝負で、達成感！

ルーティンワークは、コツと要領さえつかめば、自分のペースで仕事を進められるというメリットがあります。作業にどれくらいの時間がかかったかチェックしておいて、昨日と今日で比較してみると「よし、今日はあと5分早く仕上げよう！」と、闘志が湧いてきます。

書き心地バツグンの筆記用具をリサーチ

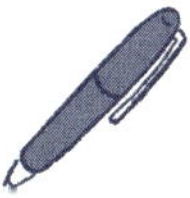

同僚に「書き心地いいペン、知らない？」と聞きこみを。絶対に「これ使いやすいよ！」というおすすめアイテムを持つ人がいるので、さっそく購入してみて。毎日使うものだから、心地よさには貪欲に。

DAYTIME

会議をスムーズに回したい

もし議長をすることになったら…
会議を円滑に進める準備とコツ

会議の準備チェックリスト

□会議室はおさえた？
□参加者に時間と場所のアナウンスはした？
□資料は人数分コピーされてる？
□備品（ホワイトボードなど）は足りてる？
□開始前、会議室のエアコンは入れた？
□お茶の用意はOK？
□この会議で何を決めればいいか、共有できてる？

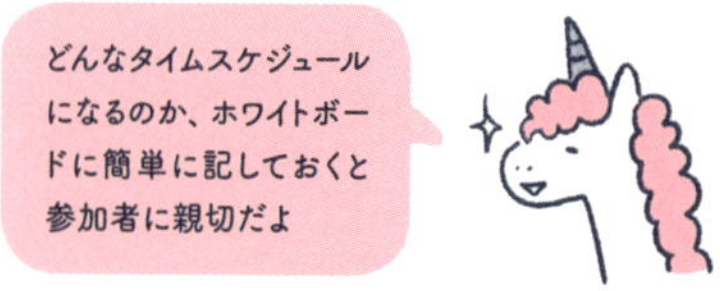
どんなタイムスケジュールになるのか、ホワイトボードに簡単に記しておくと参加者に親切だよ

お忙しいなか、お集まりいただきありがとうございました。本日は「○△」についてみなさんのご意見を伺いたいと思います。終了時刻は3時を予定しております。
本日の議題「○△について」
↓
参加者全員の発言、話し合い
(2時半頃まで)
↓
結論(2時45分頃まで)

議長の、こんな困った！

反対意見で険悪なムード…

会議の目的は、全員の意見を総合的に判断して「結論」を導くこと。角の立った意見に対しても「そうですか。●△さんは、そういうふうに考えるんですね」「なるほど、そんな考え方もあるとは、気がつきませんでした」というふうに、冷静にかわす姿勢で。

意見が出ないぞ…

沈黙が続いて空気が重い…。そんなときは、自分が起爆剤になって何か意見を言うか、誰かが発言したときに、まず肯定する空気を作ります。それでもダメなら「ひとりずつ、ひとことお願いします」と、全員に質問を回してしまいましょう。

肝心の質問に答えてくれない！

ストレートに「…で、この案件については、どうですか？」と投げかけます。話が広がって、論点がぼやけがちな発言者には、直球の質問を投げかけたほうがベター。

結論がよくわからない…

話のポイントがわからないときは、その場ですぐに確認と質問。「わからなかった」とはっきり言うより、「聞き逃したことがあるのですが…」「私はこの件に関してくわしくないので、もう一度確認したいのですが…」など、やわらかな切り出し方で、納得できるまで聞いて。

ぜんぜん終わらない！

終了時刻は死守します。次の予定がある人もいますし、ダラダラ続けていても意味がありません。「この件については、今日は○○というところまで決まりました。ですので、その課題について、後日改めて話し合うことにします」と、サクッと締めて。

メモをとる

「具体的な数字」「発言のポイント」などは、結論を導く際の判断材料になり、相手の意見をきちんと理解するうえで欠かせません。大事なところは、メモする習慣を。また、欠席者へは、会議内容や決定事項のメモを手渡す配慮を忘れずに。

DAYTIME

プレゼン、滞りなく終わらせたい

納得の結果をもたらす プレゼン準備と心構えの基本

こんな準備が私を救う

安心できるレジュメを用意

話す内容を暗記するにこしたことはないけれど、なかなかできませんよね。緊張で話がとんでしまうこともあるので、プレゼン用のレジュメを用意しておきましょう。内容を3つくらいに分け、それぞれの要点、キーワードを書き出しておくと安心です。

参加者に響くフレーズを考える

「自分が一番この企画のことをよくわかっている」と思っても、相手とは温度差が。参加者の顔ぶれを想像し、「この人は数字の話が好きだから数字を見出しに」「この人は猫好きだから、猫の例で話してみよう」など、相手へのサービスを盛りこみましょう。にゃー。

時間内に収まるかチェック

レジュメを作ったら、所定の時間内に収まるか読み上げてチェックを。結婚式のスピーチと同じで、人は他人の長い話を聞くのが苦痛です。ダラダラ長くなるようなら、「相手に響きそうなこと」だけを残して「自分が言いたいこと」を削りましょう。

鏡の前で予行練習

話す内容がまとまったら、一度、鏡の前で予行練習します。明るい表情で、相手を見て、ちゃんと口を開けて話せていますか？　「何を言うか」も大事だけど「どうやって言うか」で印象は変わります。「この企画、自信あります！」とオーラで語れると、結果もついてくるはず。

本番の振る舞い

声の出し方

一番遠くの席にも届く声量で話すのが大事。聞こえにくいというだけで、内容を理解されなくなってもったいないです。

視線の向け方

1文読み上げるごとに、相手の顔を見るように心がけます。視線は、会場全体を見渡しつつ、決定権を持つ人に向けるようにします。2割は全体、8割は決定権者、という視線のバランスがベストです。

具体物を用意する

言葉で説明するより、実際の物を見せたほうが伝わりやすく、実現可能性が高いと印象づけられます。粗々でも試作品を見せたり、類似品を見せたりして、イメージを共有できると有利に。

締めの言葉をしっかり用意

終わりよければすべてよし。途中で横道にそれたとしても、結論さえ強調すれば、プレゼン全体が締まります。「結論を申し上げますと」「これで最後ですが」などは、声に力を入れて言いましょう。

緊張したときは目を閉じて深呼吸。そして、肩を後ろに引いて胸を張ってみて。体の奥のほうから自信が湧いてくるよ。ほんとだよ

DAYTIME

外出や出張は、準備が多くて大変

イライラから解放される ストレスフリー外回り作戦

外回り

SHOP
同じ色のペン
追い出そう
ショップカード類
念のためメイク道具

ストレスフリー作戦①

荷物を最小限まで軽くする

- 筆記用具や文具は、小型・薄手で統一
- 「念のため」「いざというとき」のアイテムを見直す
- 同じ種類のペンやフセンなどの文具類は縮小
- めったに使わないショップカードやポイントカードを排除
- 先方の了承を得て、前日までに資料類を送付

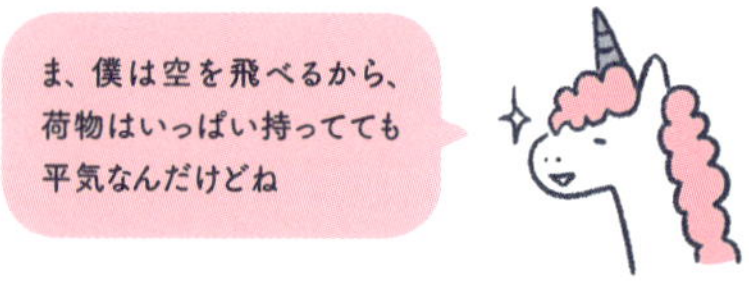
ま、僕は空を飛べるから、
荷物はいっぱい持ってても
平気なんだけどね

ストレスフリー作戦②

バッグの中をブロック分け

Bag in Bag!

マストアイテムは「バッグinバッグ」で取り出しやすく。手帳、筆記用具、文具、社員証など、仕事に必要なものをすべて入れたポーチを作ります。内勤のときは机の上に、外回りのときはポーチごとバッグに。とにかく「生でバッグに入れる」ことがないよう、何かしらのブロックに分けましょう。

ストレスフリー作戦③ 最高のバッグを相棒にする

コートをのせてもOKなくらい、大きい？

冬場は、コートを脱いであいさつすることも多々あります。コートをのせられるくらい容量のある相棒だと、気温変化にもすぐ対応できて、心強くなります。

その子、自立する？

床にじかに置いたとき、バッグがヘナッと倒れてしまうと、ストレス増大。側面がしっかりしていて、底鋲《そこびょう》がついている相棒がベストです。

内ポケットはたくさんある？

内ポケットは、タンスの引き出しのようなイメージ。このポケットには鍵、このポケットにはイヤホン…と、頭を使わなくてもすぐ必要なものを取り出せると、ストレス激減。

ストレスフリー作戦④

足が疲れない魔法の靴をはく

足の形は、人によってまちまち。面倒でも一度、百貨店などのシューフィッターにオーダーして、自分の足の形を把握してみて。自分で靴を選ぶときも、選びやすくなるはず。スポーツブランドの出しているパンプスなら、はきやすさは折り紙つき。

歩きやすいパンプス選びのポイント

- □**ヒールは太めで、高さ6cm以内**
  ➡歩いていても安定感があり余計な負荷がかからない
- □**つま先にストーム（厚底）がある**
  ➡かかととつま先との高低差が少なくなって、負担が減る
- □**ストラップがある**
  ➡つま先にかかる負担が軽減される

出張

準備の手間をなくす

化粧品、常備薬、ストッキングや下着の替えなど、よく使うものは、出張用スーツケースや外回り用のかばんに「入れっぱなし」に。中身がわかるように透明のポーチや袋に入れて。

トラベルグッズを極める

最近は、快適なグッズがたくさん出ています。旅先で洗うことを想定して作られた下着は、乾きやすくて出張にも便利。滞在先で洗濯すれば、下着類の荷物を減らせます。

持ちものチェックリスト

- □ 交通機関の切符（飛行機、新幹線など）
- □ 充電器（パソコン、携帯）
- □ メガネ、コンタクトレンズ
- □ カード類
- □ 財布
- □ 名刺
- □ パソコン、携帯
- □ 腕時計
- □ 下着（日数分）
- □ 着替え
- □ 洗面具
- □ メイクグッズ
- □ ハンカチ、ティッシュ
- □ ブラシ

DAYTIME

どんな手土産が喜ばれる？

買うだけじゃない「無形」の手土産で「心」を伝える

手土産で大事なのは、物選びより、添えられている「心」です。
そこで、あなたの心が伝わる手土産アイデアを集めました。

和菓子で『季節』を手土産に

和菓子ってキラキラしてきれい…
おー

季節を実感しづらくなった現代、「季節感」を相手に手渡せる名アイテムが和菓子です。6月は水無月、9月は月見団子、冬は柚子のものなど、バリエーションも豊富。下調べをしなくても和菓子店に行くだけでいいですし、おのずと日本らしい季節感が出るので、会話に情緒が生まれます。

出身地に縁があるもので『温もり』を手土産に

ご出身地のマカダミアナッツです！
オーサンキュー

故郷ネタは、どんなにかたくなな人の心もゆるませることができます。相手の出身地の物産展を見つけたら日持ちするものを買っておいたり、出身地のメーカーのお菓子や、地酒などを探して買ったりすると、「自分のことを覚えていてくれた」と喜んでくれるはず。

紙皿をつけて『熱意』を手土産に

あなたの「すごくおいしいから、どうしてもこれを召し上がってほしい！」という気持ちは、「つまらないものですが…」と対極にある素敵な感情。本来なら、お皿が汚れるものは相手に負担をかけるので避けたいのですが、かわいい紙皿をつけて渡せば洗いものも増えず「そこまでして私にこれを食べてほしいと思ったのか！」と相手に感じてもらえるはず。

そんなに食べてほしいのか
ぱくっ

出張先から『思い出』を手土産に

わざわざ出張先から…
長野で滝に打たれました。
絵ハガキ
駅スタンプ

上級テクですが、出張先からハガキでごあいさつするのも「効果大」の手土産です。出発前にあらかじめ、送りたい人と宛名をリストアップして、ハガキを用意しておきましょう。出張先で見聞きしたことで、今後の仕事に活かせる情報があればひとこと添えます。「自分のために、わざわざ出張先からひと手間かけてくれた」ということが、お互いの絆を深め、今後思いがけない仕事へとつながっていくこともありえます。訪問地ならではの風景画や写真、駅スタンプや記念スタンプを押したものも、旅情が出てgood！

手土産マナーチェックリスト

- □ 相手の会社近くで買っていない？
- □ 賞味期限は近くない？
- □ 相手先の人数と、個数との兼ね合いはOK？
- □ 相手の苦手なものは避けている？
- □ 食べるとき手は汚れない？

決算書や数字の意味がイマイチよくわからない
会社の力を見極めるポイントあれこれ

決算書は“会社の成績表”のようなもの

会議でたまに見る決算書の数字の数々。なんだかイマイチぴんとこない…そんな経験はありませんか？　でも決算書の数字には、会社の実体を探るヒントが隠されています。数字の意味が理解できると、仕事へのモチベーションも違ってくるかも。

「財務三表」から、自分の会社の経営実態がわかる

どんな会社も「モノ」「人」「金」の三要素で成り立っています。それらの実体を教えてくれるのが、それぞれ「貸借対照表」「損益計算書」「キャッシュフロー計算書」の3つ。これらは「財務三表」と呼ばれます。

①貸借対照表

会社の全財産（モノ）を確認できる目録のようなもの。別名バランスシート（B/S）。「資産」「負債（借金）」「純資産（自己資本）」の3つから成り、借方、貸方に分けて両者が一致するように記述されます。

②損益計算書

会社の成績表のようなもの。営業（人の動き）によって、何がどれだけ売れて、費用はどれくらいか、期間ごとの経営成績（利益）を表します。売上高と5つの利益（「売上総利益」「営業利益」「経常利益」「税引前当期純利益」「税引後当期純利益」（次ページ以降詳述）から成り立っています。

③キャッシュフロー計算書

損益計算書をもとに、会社の現金変動の内訳をまとめたもの。

会社の「稼ぐ力」を見極める5つの利益

1。売上総利益:商品で稼いだ利益

売上総利益の計算式

売上高－売上原価（仕入高）＝売上総利益

例）○△社が、りんご10個を1,000円で仕入れ、1,500円で売ったとします。

このときの、○△社の売上総利益は、下記のようになります。

○△社の損益計算書

売上高	1,500円
売上原価	1,000円
売上総利益	500円

POINT

よく「粗利《あらり》」という言葉を聞くけれど、これは「売上高－売上原価」というシンプルな計算式で出した「売上総利益」のことなのです。売上総利益を見れば、商品の売上によって会社がどれだけの利益を得たのかがわかります。

2。営業利益:会社の本業で稼いだ利益

営業利益の計算式

売上総利益－販売費及び一般管理費＝営業利益

注※販売費及び一般管理費とは?

販売・管理をする手間のこと。具体的には、商品を売るための営業に欠かせない経費（広告宣伝費、人件費、福利厚生費、接待費など）のことです。

○△社の損益計算書

一般管理費が50円の場合

売上総利益	500円
販売費及び一般管理費	50円
営業利益	450円

POINT

粗利がよくても広告宣伝費がかかりすぎたら、利益は減ってしまいます。その会社の儲けの構造が、営業利益の数字からわかるんです。

本業で稼いだ利益ってのは、車メーカーなら車を売った利益ってことだよ

MUZUKASHIIYO…

3. 経常利益：会社全体で稼いだ利益

経常利益の計算式

営業利益＋営業外収益－営業外費用＝経常利益

注※営業外収益とは、銀行に預けた売上金につく利子によって得た利益など。
営業外費用とは、銀行からの借入金にともなう支払利息など。

○△社の損益計算書

営業利益	450円
営業外収益	20円
営業外費用	10円
経常利益	460円

POINT

会社に出入りするお金は、本業以外によるものもいろいろあります。経常利益の数字は、会社がコンスタントに生み出す利益として判断されます。よって、会社を評価するときにまっ先にチェックされます。

4. 税引前当期純利益：課税と配当対象になる利益

税引前当期純利益の計算式

経常利益＋特別利益－特別損失＝税引前当期純利益

注※特別利益とは、遊休資産（事業使用目的で取得したが何らかの理由で使用・稼働を休止している資産）の売却による利益など。特別損失とは、事故や災害などの不測の事態にともなう出費など。

○△社の損益計算書

経常利益	460円
特別利益	100円
特別損失	80円
税引前当期純利益	480円

POINT

税引前当期純利益というのは、会社の経営活動の結果を正しく表す数字。法人課税額はこの数字をもとに決定されます。

5。税引後当期純利益：事業年度内に計上される、会社が最終的に稼いだ利益

計算式

税引前当期純利益 − 法人税等＝税引後当期純利益

○△社の損益計算書

税引前当期純利益	480円
法人税等	60円
税引後当期純利益	420円

5つの利益を「損益計算書」にまとめると、こうなるよ。会社が1年間で稼いだ利益が、税引後当期純利益からわかるよね。もしここがマイナスだったら、「赤字」ということ！ヤだね！

「損益計算書」（例）

5つの利益

売上高	1,500円	→ 顧客評価
売上原価（仕入高）	1,000円	→ 商品を得る費用
① **売上総利益**	500円	→ 商品で稼いだ利益
販売費及び一般管理費	50円	→ 人と設備の費用
② **営業利益**	450円	→ 本業の利益
営業外収益	20円	→ 預入金の対価等
営業外費用	10円	→ 借入金の費用等
③ **経常利益**	460円	→ 会社全体の利益
特別利益	100円	→ 臨時収入
特別損失	80円	→ 臨時支出
④ **税引前当期純利益**	480円	→ 税金と配当
法人税等	60円	
⑤ **税引後当期純利益**	420円	→ 最終的に稼いだ利益

DAYTIME

給与明細書の見方、いまだによくわからない

給料日に戸惑わない「支給額」と「手取額」に差が出るしくみ

給与明細書は、3つの項目でできている

会社によって書式はさまざまですが、必須項目は「就業項目」「支給項目」「控除項目」の3つです。

就業項目 出勤日数、有給休暇や欠勤の日数、残業時間など。

> **POINT!**
> 超勤時間（残業時間）は、時間外手当（残業手当）に影響するので、要チェック。

支給項目 会社から支払われたお金の明細。「基本給」と「手当」に分けられています。

基本給…手当や賞与を含まない基本の給与のこと。

手当…仕事と生活に対して支給されるもの。

> **POINT!**
> 「基本給」にいくつかの「手当」がプラスされた「総支給額」から、さまざまなものが天引きされた額。それが「給料」です。

時間外手当…超過勤務に関する手当。

役職手当、職務手当…仕事の内容や職務に関する手当。管理職や所定の資格保持者などの役職に対して支払われます。

家族手当、住宅手当…家族や生活に関する手当。家族手当は扶養家族の人数に応じて支払われることが多いようです。

通勤手当…通勤に要する費用に応じて支払われる手当。

> **POINT!**
> 手当は会社によりさまざまです。必ずしもすべてが支給されるわけではありません。近年は、手当を減らす傾向にあります。

給与明細書の例

2016年5月分　給与明細書　　　　支給日　2016年5月25日

氏名　○△□　様

就業項目				
	出勤日数	欠勤日数	有給休暇日数	
	20	1	0	
	遅刻回数	早退回数	超勤時間	
	0	0	8	

差引支給額
204,000

支給項目				
	基本給（月給）	職務手当	住宅手当	
	200,000	20,000	0	
	時間外手当	役職手当	家族手当	通勤手当
	10,000	10,000	0	15,000

総支給額
255,000

控除項目				
	所得税	住民税		
	5,000	9,000		
	健康保険	介護保険	厚生年金保険	雇用保険
	10,000	0	25,000	2,000

控除額
51,000

「総支給額」－「控除額」が手取になるから、ぐっと減った印象になるのね。税金や社会保険料の負担がどれだけ大きいかが、給与明細書からよく見えてくるなあ。うに～

控除項目

給与から天引きされる項目。
主に「税金」と「社会保険」の2つ。

所得税…給与やボーナスから天引きされます。本来納める金額より天引き額が多ければ、年末調整でもどってきます。

住民税…前年の所得に対してかかる税金。退職した翌年に無職の場合、前年の住民税を支払うため、負担が大きくなるので要注意。決まった税額が6月から翌年5月までの給料から天引きされます。

健康保険…病気やけがなどの医療負担を軽くするために支払う保険料。

介護保険…寝たきりや認知症などで要介護となったときに、介護サービスを受けるための保険料。40～64歳の従業員から徴収されます。

厚生年金保険…老後に年金を受給するため、サラリーマンが加入している公的年金制度に支払う保険料。会社と従業員が半分ずつ負担します。

雇用保険…失業やキャリアアップのための給付金を受けられるようにするための保険料。失業してから再就職までの生活と就職活動を支えるために、会社を辞めたときに失業保険などが受給できます。

DAYTIME

眠くてたまらない

目がパッチリ！ 気分がシャキッ！ とする「瞬間刺激」と「瞬間癒し」

瞬間刺激の覚醒法

目薬仮眠

食堂、休憩所、仮眠室がないオフィスでは、「目薬仮眠」がおすすめです。デスクで片目ずつ目薬をさし、目をおさえて1分…。束の間の休息を。

ガムを嚙む

あごへのほどよい刺激が、覚醒効果アリ。ミントなどスーッとするものをつねに机に常備して。

冷水で手を洗う

ひんやりした感触を味わうことで、気分もシャキッとしてきます。

**目・鼻の下に
メンソール系のリップクリームを**

すっきりした清涼感で、一瞬、眠気が飛んでいきます。ただし、目の下の皮膚はデリケートなので、使うときは慎重に。目の中に入らないように注意して。

階段を一気にかけ上がる

眠いときは体を動かすのも効果的。1段ごとに「1、2、3…」と声に出せば、さらに刺激もアップ。

瞬間癒しの覚醒法

アイピローやアイマスクで疲れを癒す

ひんやり冷たいものから、温かいもの、リラックス効果アリの香りつきまで、いろんな商品があります。オフィスに1つ常備しておけば、眠気撃退の力強い味方に！

好きな写真やサイトを見る

仕事とぜんぜん関係なくて、自分が好きなものなら、目も見開くというものです。癒し系の動物、大好きな俳優やスポーツ選手、恋人の写真（こっそり！）、お気に入りのインスタグラムやブログなど、興味の湧くものに一瞬どっぷり浸って、気分を高揚させて。

雑談覚醒法

会社員のいいところは、働く仲間がいることです。「誰かそばにいる＝いつでも話せる相手がいる」という環境を、使わない手はありません。眠くなったら、同じく「ちょっとエンジン切れかかってる」仲間を見つけて、どうでもいい質問を投げかけて。「今日はなんか、電話少ないですね」「そのマグカップ、かわいいですね」などなど。

眠気が覚めるツボを押す

◎中衝（ちゅうしょう）

中指の爪の根元の、人差し指側にあるのがこのツボ。ギュッと強めに押す。

◎睛明（せいめい）

目頭と鼻の付け根の間あたりにあるツボ。鼻筋を挟むように、親指と人差し指でギュッと押す。

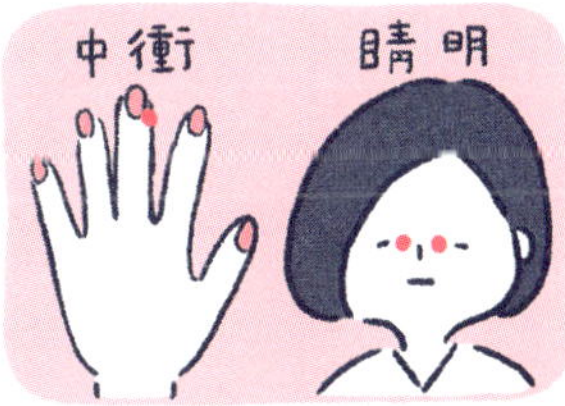

DAYTIME

あー、疲れた

心と体がリセットできる「五感刺激」で最強の気分転換

視覚を刺激

情報の8割以上はここから、といわれる視覚。
光、物体、色…いろいろと変化を

- 外に出て太陽の光を浴びる
- 一瞬だけ蛍光灯の光を見る
- デスクトップの壁紙を変える（壮大な絶景、かわいい動物）
- デスクのホコリをおもむろにふく
- アート作品を見て感性を刺激する

太陽ギラギラ
目もギラギラ

聴覚を刺激

朝の通勤時に「今日は疲れたらこの曲を聴こう」
とリストアップしておくのも◎

- アップテンポな音楽を聴く
- 動画サイトなどで雨の音を聴く
- 和太鼓の音を聴く
- 小鳥のさえずりを聴く
- オルゴールの音を聴く
- 怪談を聴いて感情を刺激する

ズンドコズンドコ

味覚を刺激

ときどきしか刺激しないからこそ、効果的

甘味	はちみつをスプーン1さじ
酸味	お酢をスプーン1さじ
塩味	梅干し1個
辛味	わさび味や唐辛子味のおせんべい
渋味	カカオ99％のチョコレート

- 甘いアメと、すっぱいアメを常備して、交互に食べる
- 「新食感！」と書かれている新発売のお菓子を積極的に買う

触覚を刺激

かたいキーボードばかり触っていたら、そりゃあ心も荒みます

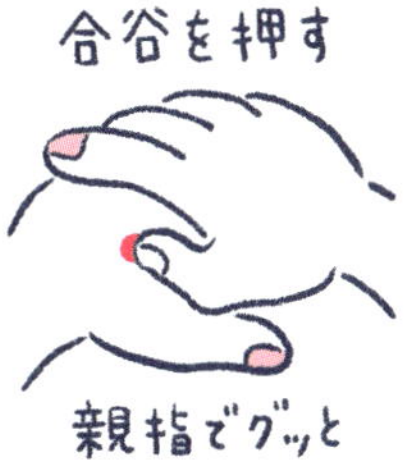

- 疲れを癒すツボ「合谷《ごうこく》」を押す（合谷は、親指と人差し指の骨の延長線が交差するくぼみのあたりにあるツボ）
- 耳を伸ばして、つまんで、ひっぱる
- 手の平サイズのビーズクッションをにぎにぎ
- 肌触りのいいハンカチをなでる
- 手触りのいい紙の本にスリスリ
- ツボ押しグッズを用意
- 蛇口の水に触れて流れを感じる

嗅覚を刺激

脳にダイレクトに刺激を与えたいならアロマは3種類ほどそろえておくとよさそう

- マウスウォッシュでぶくぶく
- 歯磨きする
- メンソールの香りを嗅ぐ
- ティートゥリーのアロマオイルは、もやもや・イライラ・そわそわがすっきり
- ネロリ（オレンジフラワー）のアロマオイルは、自律神経を整え、不安や緊張などを抱えた精神をやさしく鎮静する効果が
- ローズマリーのアロマオイルは、頭をすっきりさせて集中力をアップさせる効果が

見るだけで癒されるページです

ふわふわ

大きい
クッション
ツイスト
マシュマロ
たんぽぽの
綿毛
バブル
バス
アル
パカ

見るだけであったまるページです

ぽかぽか

寒い日の
ホットコーヒー
ミルク
スープ
もこもこ
セーター
足湯
中華まん

見るだけで心がほどけるページです

とろとろ

ピザトースト
とろとろ
美肌パック
トロトロ
シュークリーム
フォンダン
ショコラ
たまごかけごはん

豆乳風呂
パンケーキ
とろー
豚の角煮
とけかけアイス
味たま
Zzz
とろとろ

苦手な人への「苦手意識」をなくすコツ

苦手な人が頭によぎると、会社に行きたくない…。わかる。僕だってそうさ。でも苦手だと思うほど、なぜか、もっとイヤになっちゃうんだよ。これ、もしかしたら、恋愛と同じ構造…？　まあとにかく「無関心」か「愛」。どっちかのスタンスで接してみるといいよ

1. 避けすぎない

「避ける＝余計に意識してしまう」ということ。「今日は暑いですね」「部長のネクタイの柄、見ました？」など、あたりさわりのない話題で、相手との距離を自然に保ちます。

2. 直視しない

「見るだけで不快！」「生理的に無理！」という場合もあります。そんなときは、手元の資料を見る、相手の向こう側を見る、同席者のほうに視線を向けるなど、話すときに少し視線を外すだけで、視覚からくる不快感が軽くなります。

3. 暗い声を出さない

「声」には感情が露骨に出ます。イヤだ…と思っていると、ついつい暗く沈みがちな声に。そうすると、テンションが下がる一方です。はりきりすぎる必要はないですが、せめて声だけでも明るく元気にして、暗い感情をカバー。

4. 1つだけいいところを見つけてあげる

誰にでも1つくらい「いいところ」はあります。たとえば、仕事のうえで尊敬できるところ、評価できるところはないか、客観的に見てみます。そうすれば、冷静にその人を見つめるきっかけになります。

5. 想像力を働かせる

「なぜ、苦手に感じるのか」、冷静に分析してみます。たとえば、仕事の立場上、イヤな役回りをせざるをえないのかもしれません。相手の立場に少しだけ思いをはせてみると、その人の評価が変わることもあります。

6. 「苦手な者同士」で分かち合う

「自分が苦手意識を感じている＝ほかにも間違いなく1人は苦手意識を持っている人がいる」はず。「あの人が苦手で…」という話に共感してくれる仲間がいたら、いざというときの逃げ場にしましょう。お互いに本音が吐けたら、客観的に見られるようになり、気がラクに。

関係が気まずくならない

〈断り方〉と〈ダメ出し〉の極意

「できれば言いたくないけど、言わなくちゃ…」と思うと、気分が沈むもの。でも、断ることやダメ出しは、チャンスでもあるんです。たとえば…

◎相手と腹を割って話せるチャンス

◎新しい考え方を知るチャンス

◎やり直すことでよりよい結果を生むチャンス

ピンチをチャンスに切り替える、
いろんな言い回しの極意を覚えておきましょう。

「〜だけ」を強調して、相手の負担を軽くする

全否定ではなく、「3点だけ、調整をお願いします」「ここの部分だけ、違う色のパターンを見せていただけますか?」と、直してほしいところのみを強調します。「〜だけ」を強調するだけで、相手が負担に思う度合いが変わってきます。

「できない理由」より「今後どうするか」

締め切りや納期の延長を申し出た相手に、イラ立つこともあります。そんなときは、「無理です」と即答したり、「どうにかなりませんか?」と反論したりするのは建設的ではありません。「わかりました。それでは、いつまででしたら可能でしょうか?」「その場合、〇〇だけでも1日までにいただけますか?」と、相手の要望を受け入れて折衷案を模索すれば、案件が前に進みやすくなります。

時間をおいて、断る

瞬時に「NO」と言うと、角が立つものです。たとえ、心の中で「断る」という答えが出ていても、少し間をおくことも大事です。たとえば、「きちんと検討させていただきたいので、いったん社に持ち帰らせていただけますか？　1週間以内に必ずお返事いたします」というように。真摯に対応してもらえる安心感で、相手もイラ立ちません。

自分の力不足を、強調する

上の判断で、やむをえず断らなければならないときは、「申し訳ございません。今回は会社の方針でこうなってしまいました。私もかなり抵抗したのですが力不足で…」と、「社の決定」で致し方ないことを伝えます。あくまで自分は頑張って抵抗したもののダメだったことを謝り、相手の感情に寄り添うようにしましょう。

「できるところ」「できないところ」をはっきりさせる

無理な内容の依頼に対して、「できない」のひとことで終わらせたら、そこまでです。たとえ難しいことでも、冷静に「何ができるのか」「何ができないのか」を考えましょう。そのうえで、「お引き受けしたいのですが、ご提示のスケジュールでは、ご希望通りのものをご用意するのは少々難しいです。たとえば、締め切りを1週間後にさせていただくことはできますか？」というように代替案を提示して、ビジネスチャンスを逃さないようにします。

つたない言葉でも信頼を回復できる

〈謝罪〉と〈お詫び〉の極意

一度失われた信頼の回復は大変です。だからこそ、「しまった！」のその後の対応が大事。具体的には…

◎迅速さ

◎適確さ

◎真摯さ

この3つを意識して、謝罪とお詫びのコミュニケーションのポイントをおさえておきましょう。

トラブルが発覚したら、迅速に謝る

言いにくいことを先延ばしにすれば、ますます言いにくくなるばかりです。自分の保身ではなく、「相手にどれだけ迷惑がかかるか」という想像力を働かせて、わかった時点ですぐに謝罪します。

反論の言葉は飲みこむ

「お言葉ですが…」「おっしゃることはわかりますが…」「それは違います…」など、相手を否定する言葉は決して言ってはいけません。たとえ相手にも落ち度があったとしても、トラブルに発展した経緯を、まずは真摯に受けとめること。それが早期解決につながります。

謝罪プラス今後の策を伝える

「申し訳ございません。できませんでした」「申し訳ございません。間に合いません」だけでは相手は納得しません。「どうしたらできるか」「いつなら間に合うか」の具体的な対応策を、謝罪の言葉に必ずプラスします。これが、迷惑をかけた相手への誠意です。

謝罪を通して、適確な指示をあおぐ

相手の希望にそえなかった、期待通りのものができなかったなど、求めるものがイコールにならないことはよくあります。そんなときは、謝罪を通して、相手の要望に近づくようにします。「再度、こまかく見直しますので、もう一度○△様のご要望をご教示いただけますか？」というように。

自分の非は、素直に認める

「私の説明不足で、ご迷惑をおかけして申し訳ございません」「○月△日のメールを見逃していたのは、私のミスでした。申し訳ございませんでした」というように、潔く自分の非を認めると、怒っている相手も意表をつかれることがあります。包み隠さず本当のことを伝えるのは、勇気がいるし悔しいかもしれませんが、これは、あなたの人間性を成長させるまたとない機会です。

何気ない会話の中で、怒りを買わないコツ

- 話の流れで、相手の逆鱗に触れてしまった…ということもあります。そんなときは、「話は変わりますが」「それはそうと」など、話題をすぐに変えます。無理に謝ると後味がよけい悪くなります。あえて言うなら、同じテーマで自分の情けない話や恥ずかしい失敗談などに展開すると、少しは場が和みます。
- 年齢、結婚、学歴、家族、病気、仕事、宗教、政治のことなどは、人によっては避けたいテーマ。相手から話してこない限り、自分からは話題にしないのが賢明です。

部下や後輩をやる気にさせる

上手な〈注意〉と〈指摘〉の極意

ようやく言いにくいことを言ったはいいけれど、相手が納得していない、険悪なムードになってしまった…。「どうしよう」と嘆く前に、この2つの努力を心に据えて接してみて。

◎相手のストレスを最小限にする努力

◎やる気のツボを探る努力

「言いにくいことも言える関係」を築けたら、チームワークもさらにアップ。この2つの努力があってこそ、風通しのいい人間関係が生まれます。

気づいたその場で、すぐ注意

時間が経つほど、具体的にどこが悪いかが伝わりにくくなります。また、ちょっと前のことを蒸し返すようで、後味の悪い印象になると、注意を受け入れられにくくなります。

具体的に、指摘する

「これじゃ、ダメです」「やり直してください」…これでは、仕事に慣れていない部下や後輩は、何がいけないのかわかりません。ストレートに「ここと ここがわかりにくいから、たとえば、この書類を参考にして、直してください」というように、修正点を明確にして、必要であれば資料や例なども提示します。

くり返しの注意を、ためらわない

勤怠、職場全体で守るべきルールに関する違反は、直るまでくり返し言います。なかなか直せない人には、なぜそうしなければいけないのかという理由も添えて、頭でしっかり理解させるのが大事です。くり返し同じことを言うのは疲れますが、「本人のため、これも私の仕事」と割りきります。

注意しながら、一緒に考える

仕事で同じミスをくり返してしまう…そんな人には、何か原因があるはずです。「なぜ、くり返すの？」と指摘しても、本人もよくわかっていないことがあります。そんなとき、まずは仕事の進め方を本人からじっくり聞きましょう。「同じことをくり返してるみたいだけど、ちょっと話を聞かせてくれますか？　どうしたらいいか、一緒に考えてみたいんです」と。そうすれば、意外と簡単に解決策が見出せるかもしれません。

1つのことだけ注意する

注意することは何か？　それをあやふやにしてはいけません。原則、注意や指摘は1つに限定すること。感情的になると、あれもこれもと言いたくなりますが、それは、本来の目的ではありませんし、お互いに不愉快になるだけです。仕事と関係のないその人の性格に関すること、過去の失敗などには決して触れてはいけません。

vs困った上司《アイツ》！との、上手なつきあい方

TYPE 1

人の話を聞かない上司

【自分の成功体験に絶大な自信を持っている、ワンマン経営者に多いタイプ】

「人の話を聞かない人＝自分の話を聞いてほしい人」、ともいえます。自分がちょっと大人になって、まずは上司に好きなだけ話をさせましょう。上司が言い尽くしたタイミングで、自分の意見を言うようにします。

TYPE 2

なんでも自分で決めたがる上司

【現場から遠ざかっている、または現場を経験したことがないのに、口出しが多いタイプ】

こういう上司は「仕事をした気」になりたいだけなので、基本的に選択肢をいろいろ出して、決めさせてあげましょう。その際、「自分はこの中のどれに決まってもOK」というものだけで選択肢を構成するのがポイントです。ただ、いつか決定権をもぎとって！ ファイト！

TYPE 3

言ったことを忘れている上司

【いわゆる、仕事ができないダメ人間タイプか、つねに前しか見えないタイプ】

自分の指示内容を忘れている、報告したことを覚えていない、提出物を紛失する…こういう傾向が見てとれたら要注意。指示内容や報告はすべて文書にし、上司にも1部渡しておく、大事な書類は控えのコピーをとっておくなど、ていねいに言質をとりましょう。

やる気がない上司

【すべて周囲に任せ、残業しないでさっさと帰るタイプ】

部下は仕事が増えて大変ですが、「すべて周囲任せ＝全部自分で好きなようにできる」と前向きにとらえることもできます。だったら、率先して仕事を進めてしまいましょう。あれこれ口出しされるより、はるかにラクチンとも考えられます。

話が長い上司

【プライドが高い自信家に多いタイプ】

一度話しはじめたら、遮るのは困難です。こういうタイプは、ちやほやされたい願望が強いので、「すごい！」「へえ！」ととにかくおだてること。愛想よく、ほめ言葉の合いの手を入れるのが、あたりさわりなくつきあうコツです。ただし、気に入られると何かにつけて「聞いてほしいオーラ」を発してつきまとうので、危険を察知したら、その場から逃げる、忙しい振りをするなどの防御線を張るように。

忙しすぎる上司

【仕事ができて有能であるがゆえ、いつも飛び回っているタイプ】

尊敬できるところは大いにアリ！ とはいえ、小さな確認や決裁がとりづらく、仕事がとまりがちに。そんなときは、上司の予定をすべて把握し、決裁をとる段取りも含めたスケジュールを立てます。上司の出勤時間を見定め、朝イチでつかまえる、会議の終了時刻を見計らい、会議室前でつかまえる…。そう、ハンターの心持ちで。

DAYTIME

あらら、女子力下がってる!?

忙しいオフィスでも気品ただよう 美しい所作と立ち居振る舞い

1 死んでも離さぬ、膝頭

デスクの下、膝下注目！　だらんと両膝が離れていませんか？　きちんとそろえた足からは、気品と女らしさがあふれます。膝頭をくっつけるのは「慣れ」。ふだんから両膝頭を仲よくさせる習慣を。これだけで、忙しくても気品が保てます。

2 カメらず、エビらず、背すじ禅僧

パソコン画面に夢中になるあまり、ありがちな姿勢が「カメさん首」。猫背で首だけ突き出すと、肩こりなど不調の原因にも。かといって、背すじを反らしすぎても、腰に負担がかかります。おなかに力を入れ、禅僧のようにまっすぐ背すじ。前向きな判断ができるようにもなります。

背すじを伸ばしたほうがいいって、わかってるのにできないよね。わかるよ。8時間ずっと、定規を入れたみたいな姿勢って大変だよね。でも、僕にはできないから、ちょっとうらやましいな…

3 指先に「大人」が宿る

場所を示すとき、「あそこにありますよ！」なんて、人差し指や手に持ったペンで案内してること、ありませんか？　大人ですから、忙しくても立ち上がり、4本の指をそろえて、軽く親指を内側に曲げ、示す方向を指すのが美しい姿です。

4 忙しい人は、忙しそうに見せない

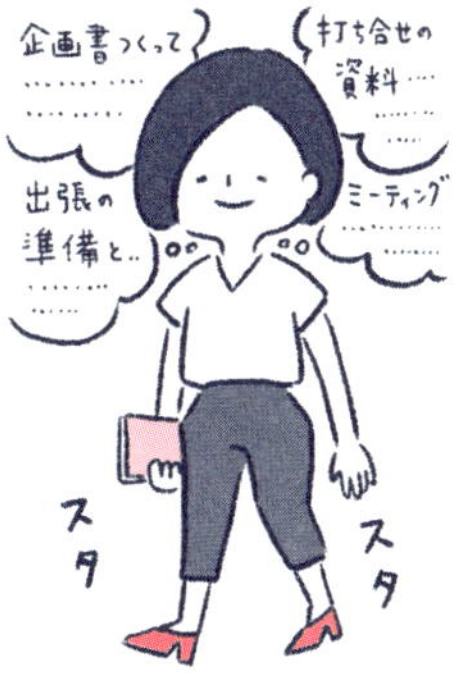

廊下をバタバタ歩いていませんか？　早口になっていませんか？　命の危機でもないかぎり、1秒を争うシーンは、そうそうないはず。「急がなきゃ！」と思ったときこそ深呼吸。かかとをしっかりつけて歩き、相手に伝わる速度でしゃべることを心がけて。

5 ていねいなあいさつほど美しいものはない

1日に何度も言うあいさつだからこそ、「どう言うか」が大事。つい習慣で、無意識のうちに適当になってしまいがちですが、一度、客観的な目でまわりを見回して。ていねいにあいさつしている人は「いいなあ」と感じられるはず。

6 どんな「モノ」にも、命があると心得る

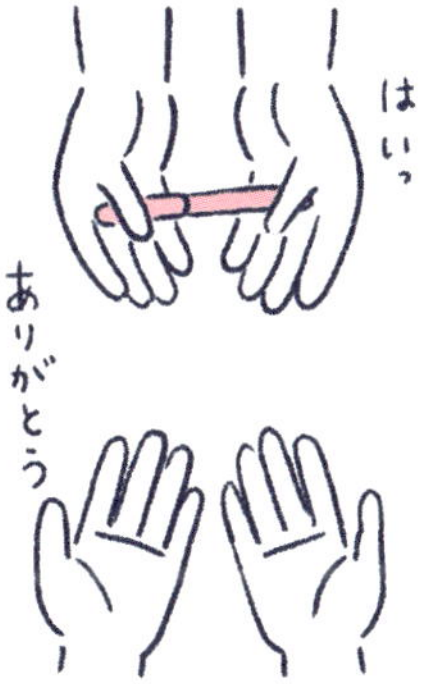

書類や資料を渡すとき、忙しいと、片手で「はい！」となりがち。でも、あなたと同様、書類やモノも、この仕事を進めるうえで大切な存在。大げさなようですが、一つひとつの仕事をていねいにしている印象を与えられます。受け取るときも、手渡すときも両手で。

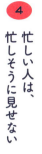

職場の空気がゆるっと和む!

会話美人のひとこと

あいさつのあとの「ひとこと!」

「おはようございます」のあとが続かない…というときは、あいさつプラス「ひとこと」を習慣づけましょう。「おはようございます。連休はいかがでしたか?」「お疲れ様です。今日は暑かったので外回り大変でしたね」というように。相手の日常にさりげなく触れることで、お互いの距離も縮まります。

日頃の努力を評価する「ひとこと」

同じ職場で苦楽を共にする仲間同士、それぞれを評価し合う言葉がけが、いい仕事にもつながります。「いつも早めの出勤ですごいですね」「いつも遅くまで大変ですね。今、忙しいんですか?」など、ねぎらいの言葉は癒されます。

頼まれごとをされたときの「ひとこと」

「はい!　わかりました」「はい!　すぐにとりかかります」など、指示を受け止めましたという意思表示を、まずは「はい!」のひとことで返します。明るく元気な「はい!」は、お互いが気持ちよくなる魔法の言葉です。

興味のない話題にも「ひとこと」

自分が知らない話題にも、「知りませんでした」「そうなんですか?」など、こまめなリアクションを欠かさないようにします。「積極的に自分とかかわろうとしている」と、相手にも好印象。職場の人間関係が風通しよくなります。

会話を広げる「ひとこと」

たとえば、「例の案件、うまくいってる?」と聞かれたら、ただ「はい」「いいえ」だけで答えるのではなく「はい。今度A社の○△さんと、具体的な打ち合わせをすることになりました」と近況報告のひとことを添えます。これだけで、お互いの進捗状況の確認もできます。

忙しいときに呼ばれて、「はい…ただ今…」と返事しつつ、目線はパソコン画面に釘づけ…こんなことない? 呼ばれたらまず「アイコンタクト」、つまり呼んだ人を目で確認。それだけでも「ちゃんと聞いています」と相手に敬意を払うリアクションになるよ。うにうに

感謝の気持ちが2倍伝わる

「ありがとう！」表現いろいろ

1.「ありがとう！」＋「具体的な成果」

相手のアドバイスやサポートが、どれだけいい結果につながったのか、できるだけ具体的に伝えます。「○△さんのアドバイスを参考にしたら、クライアントにもすんなり納得していただけました」というふうに。

2.「ありがとう！」＋「反省」

相手の忠告や助言をもとに、仕事を通してどんな反省や気づきがあったのか。また、それを今後どう活かしたいのかを、具体的に伝えます。「ご指摘を受けて今までのやり方を見直してみたら、いろんなムダがあることに気づきました。これからは、もっと効率よく事務処理ができると思います」というふうに。

3.「ありがとう！」＋「具体的な数字」

「すごく助かりました」「大変役に立ちました」でも問題ないですが、どれくらいの影響力があったのか、具体的な数字で示せたらもっと気持ちが伝わります。たとえば、「今までの2分の1の時間で、倍以上の作業ができました」「予定より2日も早く仕上げていただき、準備に余裕が持てました」など。

大変でした
よね?

4.「ありがとう!」+「相手への気配り」

手間ひまかけてくれたことへのねぎらいのひとことプラスで、相手の苦労も報われます。「忙しいのはお互い様なのに、助けてくれてありがとう」「これだけの資料を用意するのは、きっと骨の折れる作業だったでしょう。ありがとう」というように。

田中さんの
おかげです

5.「ありがとう!」+「かけがえのなさ」

「○△さんに助けてもらったから…」「○△さんの力があってこそ…」のひとことで、“ほかの誰でもないあなた”に感謝するという気持ちを伝えます。こんなふうに感謝されれば、「役に立ててよかった」と、心から思えるはずです。

先日は
ありがとう
ございました。

6.「ありがとう!」を「手書き」でプラス!

言葉では言い尽くせない…そう感じたら、フセンやミニカードに託して「ありがとう」の気持ちを伝えます。「先日は、ありがとうございました」「おいしい夕ごはん、ありがとうございました」など。シンプルな言葉でも、手書きにするだけで温度が上がります。

THANKS CARD

ミニカードは、厚みがあるのでフセンよりも高級感が出て、文字通り手厚い印象になるよ。デスクに常備しておくと、感謝美人になれちゃうよ

自然な「ほめ言葉」は、素直な共感から生まれる

相手をほめたいときは、素直に感じたことを言葉にするのが大事です。
「ほめ言葉」を難しく感じる人は、「相手の気分をよくしたい＝自分の印象もよくしたい」と、相手に好感を持たれることを意識しすぎてはいませんか？
そういう気負いがあると、白々しさが出てしまいます。「あ、いいな」「素敵だな」と感じたことだけ言えば、どんなにシンプルな言葉でも、気持ちは伝わるものです。

パッと目につく、ほめポイント
（服装、アクセサリー、髪型、オフィスの雰囲気など）

「前髪、切りましたね。似合ってますよ」

「御社のエントランスは観葉植物が多くて、さわやかですね。癒されました」

➡「ほめる＝注意深く見る」ということ。相手をよく知ることで、仕事や会話のきっかけもどんどん生まれます。

仕事の成果に関する、ほめポイント
（仕事の早さ、精度の高さ、緻密さ、ていねいさなど）

「すごい。もう終わったんですか!?」

「御社の見事なプレゼンでしたね。みんな感心してましたよ」

➡ 第一声を感嘆詞にすると、感激した気持ちが伝わりやすくなります。

性格や習慣、こだわりが感じられる、ほめポイント
（持ち物、勤務態度、言動など）

「いつも早い出勤ですね。私も見習いたいです」

「もしかして、ヨガをされていますか？帰り際にヨガマットをお持ちなのが見えたので」

➡ ちょっとした言動に注意を払うと、人となりも見えてきます。こんなひとことで、相手に興味を持っていることをアピールできます。また、自分との共通点を見出すきっかけにも。

「ほめ言葉」を裏目に出さないために

「長所＝短所」であることを心得る

長所が短所でもあるように、いいなと思ったところが、その人にとって「本当にいいこと」かはわかりません。「とりあえず、ひたすらほめればいい！」と安易に口にするのはNG。ほめたつもりが、相手の反応がちょっと違った…というときは、無理にフォローせず謝るか、自分がどう感じていたかを素直に伝えるのがベストです。

A：「お久しぶりですね。ちょっとおやせになりました？」

B：「いや、ぜんぜん。それどころか、外食続きでちょっと太ってしまったくらいで…」

A「そうですか。スーツのお姿からはぜんぜんわからなかったもので。失礼いたしました」

➡ とくに、体に関すること（身長、体重、体型）は、相手にとってはコンプレックスかもしれないので、話題にするときは慎重に。

「誰かとの比較」でほめないと心得る

2人いるうちのどちらか1人をほめたり、話している相手をさしおいて別の人をほめたりすれば、自分がダメなように感じたり、軽んじられている気分になってしまいます。状況に応じて、言葉を選ぶ配慮を。

A：「C君の営業実績は、すばらしいね」

B：「…そうですね」

A：「Bさんたちの綿密な市場調査があってこその結果だと思うよ。これからもよろしくね」

➡ 仕事は社員全員の連携プレー。誰か1人の手柄、ということはありません。誰かの成果の裏に、目立たない人の努力があることにも想像力を働かせましょう。

ものは言いよう

かの文豪夏目漱石は、相手を評価するとき「白玉の微瑕《びか》」という言葉を使いました。「全体からいうと所々に白玉の微瑕というような点があります」というふうに。この「白玉の微瑕」とは、「白く美しい宝石にある、ほんのわずかなキズ」という意味。基本は宝石だとほめ、よくない点はそのうちのほんのわずかな部分です、と伝えたのでした。たとえ欠点を指摘されても、こんなふうに言われて気分を害する人は、そうそういないのではないでしょうか。

DAYTIME

なんか、いきづまっちゃったなあ

5つの「とりあえず」で、とことん現実逃避

1.とりあえず、オフィスを脱出！

「もうイヤ！」と思ったら、場所を変えましょう。会社のまわりをぶらつくもよし、屋上でぼんやりするもよし。頭の中だけで処理してもどうにもならないことは多いもの。まず体のほうを動かすと、意外とすっきり。

2.とりあえず、絶対定時で上がる！

「何となく、仕事がノらない日」というのは、どんなまじめな人にもあるもの。無理して頑張るより、明日の自分にToDoリストを託し、寝るまでの時間は自分を甘やかしちゃいましょう。

3.とりあえず、手帳に「未来メモ」を書く！

「～したい」じゃなく「～する！」と断定形で、楽しい予定を思いつくまま書き出してみます。「来月友達と温泉に行く！」「ほしかったワンピースを買う！」など。断定形だと本当になんでも実現できそうな気分になり、元気も湧いてきます。

4. とりあえず、デスクで塗り絵！

好きな色で絵をていねいに塗りつぶしていく作業は、無心になれて、いい気分転換に。キラキラペン、パステルカラーなど、気分が上がる色や書き心地のいいものだとさらに◎。

5. とりあえず、笑う！

たとえばこんな本、デスクの片隅に置いておいて、疲れたときに開いてみては？

RECOMMENDED BOOKS

● 心と体がゆるゆるほどける

『フェイス・フェイス・フェイス！』

（フランソワ・ロベール＆ジャン・ロベール著、フレックス・ファーム）

ページをめくるたび、とぼけ顔、いひひ顔、真顔、にんまり顔…。それは、スコップ、モップ、段ボールなど、ありふれた日用雑貨が見せるもう1つの「顔」の数々です。思わず微笑み返したくなるユーモア写真集。

● くだらなすぎてホッとする

『最驚！ ガッツ伝説』

（ガッツ石松・鈴木佑季監修、EXCITING編集部・編、光文社）

「ガムは最後に飲む」「サイン色紙におもいっきり、『ガッツ右松』と書いた。」「ワタシはねー、ボクシングに出会ってから、人生観が380度変わったんです」など、数々の伝説的迷言を残すガッツ氏。その荒唐無稽さに触れると、自分の悩みが小さく思えます。

● 自分の書類をダブルチェックしたくなる

『VOW王国　ニッポンの誤植』

（宝島編集部・編、宝島社）

「1ドングリ付」のライブ？　事故の原因は「スピードの出し過ぎ」？　「人間を練りこんだ」バターロール？　「日本大便館」って？　ありえる…けれど、あってはいけない誤植の数々に、くすくす笑いがこぼれます。この本にもあったらどうしよう…（怖）。

● ちょっととぼけてるくらいが、人生愉しい

『おかんメール』

（おかんメール制作委員会・編、扶桑社）

「いま小学校、占拠してるからあんたも来なさい！」「コカインランドリー行ってきます」「お母さんは今髪を洗うのにボディシャンプー使ってしまった」など、会社で見るのが危険なほど、笑いがこらえきれない1冊。

とりあえず、ほっとひといき！ お茶事典

チャの葉からできるお茶

ツバキ科ツバキ属に属する「チャの葉」や「チャの芽」を使用して製造したお茶

◎煎茶
◎玉露
◎番茶
◎玄米茶
◎烏龍茶
◎プーアル茶
◎紅茶

チャの葉以外から作られるお茶

「チャの葉」や「チャの芽」以外のものから作られるお茶

◎ごぼう茶
◎柿の葉茶
◎杜仲《とちゅう》茶
◎麦茶
◎ハーブティー
◎甜《てん》茶
◎どくだみ茶
◎たんぽぽ茶

ノンカフェインのお茶

リラックスしたいとき、ゆっくり休みたいときには、刺激の少ないノンカフェインのお茶がおすすめ

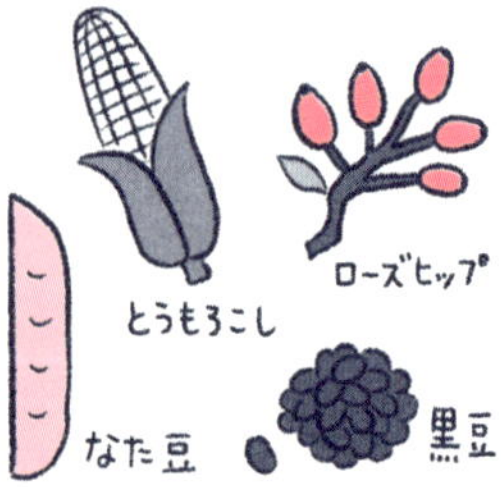

◎ごぼう茶
◎そば茶
◎黒豆茶
◎たんぽぽ茶
◎なた豆茶
◎甜《てん》茶
◎麦茶
◎とうもろこし茶
◎ローズヒップティー
◎カモミールティー
◎ルイボスティー

KIND OF COFFEE

意外と知らずに飲んでいた！
コーヒーの種類いろいろ

ブラック	ミルクや砂糖が入っていないコーヒー
レギュラーコーヒー	焙煎後に挽いて粉状になったコーヒー
アメリカンコーヒー	浅煎りのコーヒー豆で抽出したコーヒー
炭焼きコーヒー	炭火で焙煎されたコーヒー
ブラジル	ブラジルで生産されるコーヒー
マンデリン	インドネシアのスマトラ島で生産されるアラビカ種のコーヒー
グアテマラ	グアテマラ共和国で生産されるもので、コクと酸味が特徴的
キリマンジャロ	アフリカ最高峰、キリマンジャロの斜面で栽培されるコーヒー。現在では、タンザニア産のアラビカ豆はすべて「キリマンジャロ」と呼ぶ
ハワイコナ	ハワイ島のコナ地区で栽培されるアラビカ種のコーヒー
ブルーマウンテン	ジャマイカのブルーマウンテン山脈の、ごく限られた地域で収穫されたコーヒー
モカ	エチオピアとイエメンの2国で生産されるコーヒー。アラビア半島にあった〝モカ港〟から出荷されたことに由来する
カフェ・ラテ	エスプレッソにスチームミルクを入れて作る、イタリア発祥のメニュー
カフェ・オ・レ	深めの焙煎豆で抽出したコーヒーと温めたミルクを同量で合わせた、フランス発祥のメニュー
カフェ・マキアート	エスプレッソを使ったアレンジコーヒー。コーヒーの表面に浮かんだミルクがシミ（＝イタリア語で「マキアート」）に見えることが名前の由来
エスプレッソ	深めに焙煎したコーヒーを極細引きにして、専用のマシーンで圧力をかけながら抽出したもの
カプチーノ	エスプレッソにスチームミルクとホイップミルクを注いだもの
フレーバーコーヒー	レギュラーコーヒーにシナモン、アーモンドなどの香り（フレーバー）をつけたもの

熱々のコーヒーにマシュマロ
3個入れるのが僕のお気に
入り♪ とろ～りしたとこを
頬ばると、僕もとろけそう～

会社のティータイムをちょっぴりぜいたくにするコツ

リラックスできる！ 煎茶の入れ方

水出し煎茶にすると、リラックス効果のあるテアニンが多量にとけ出します。逆に渋み成分のカテキンや苦み成分のカフェインの抽出が抑えられ、甘みが出ます。

入れ方

3～5g（1人分）の茶葉を急須に入れ、100～150mlの常温水を注ぎ、10～15分置いておく。

じんわり～

シャキッと目が覚める！ 煎茶の入れ方

熱湯を注ぐとカフェインが多量にとけ出します。

入れ方

3～5g（1人分）の茶葉を急須に入れ、100～150mlの熱湯（90度くらい）を注ぎ、1分ほど蒸らす。

あつあつ

インスタントコーヒーをおいしくするコツ

コツ1　コーヒーがもっともおいしく飲めるお湯の温度は90度前後とされています。そのため、沸騰したお湯をいきなり…ではなく、いったん別のカップに入れるなどしてから注ぎます。

コツ2　お湯を注ぐ前に、インスタントコーヒーをスプーン1杯の水でよくといて練ります。こうすると、味も香りもバツグンによくなります。

いい香り♡

ティーバッグでおいしい紅茶を入れる手順

1：カップはあらかじめよく温めて、沸騰したお湯をカップに注ぐ。

2：カップの縁から、すべらせるようにティーバッグを入れる。

3：1～1分半、小皿やソーサーなどでフタをして蒸らす。

4：押すと渋みが出るので、ティーバッグを軽くふる程度に取り出して、できあがり。

くれぐれも、直接ティーバッグにお湯をかけないように！ おいしい香りが逃亡しちゃうよ

オフィスでも簡単！ おいしい手作りドリンク

自販機やコンビニは便利。だけど、食事や間食のたびに買っていたら、1日に数百円の出費になります。小額とはいえ、1週間、1か月単位でみたら、ドリンク出費がけっこうな額だった…なんてこともあるのでは？　そこで、オフィスでも作れる簡単ドリンクをご紹介。体にも財布にもやさしいメニューです。

イオン飲料

湯冷ましに、スティックシュガー（またははちみつ）、塩、レモン果汁を入れてよく混ぜます。甘味、塩味、酸味の加減はお好みで。市販のものより、カロリーも甘さもひかえめにできます。

はちみつ葛湯

葛粉をお湯でとき、はちみつを加えます。甘味はスティックシュガーで代用してもOK。体が芯から温まり、風邪予防にもなるドリンクです。

梅干し茶

湯のみに種をとった梅干し（または練り梅）を入れ、熱湯を注ぎます。好みの塩加減になるまで梅干しをつぶして飲みます。番茶を注ぐと、さらに風味がよくなります。

きな粉ミルク

コップ1杯の牛乳にきな粉を少量まぜて、はちみつやスティックシュガーをお好みで加えます。食物繊維と植物性タンパク質が豊富なきな粉には、便秘解消＆美肌効果もあります。

キャンディー紅茶

熱い紅茶にキャンディー1粒で、ほんのり甘いフレーバーティーのできあがり。ミルクキャンディーはミルクティーに。甘めが好みなら2〜3粒入れてみて！いろんなキャンディーで午後の紅茶が楽しくなります。

ジャムドリンク

水（または炭酸水）に、お好みのジャム、レモン果汁（またはリンゴ酢）を混ぜてとかすだけ。ブルーベリージャムなら、疲れ目対策のドリンクにも。

疲れた同僚にも作ってあげてね。殺伐とした職場の空気、変えるのは君だよ

「かけるとき」以上に「終えるとき」が大事、電話のマナー

MANNERS

会話の要点を復唱する

電話は、何も記録が残りません。大事な内容は最後にメモをとりながら復唱して、お互いに再確認をするのを忘れずに。

MANNERS

電話をかけたほうが、先に切る

基本的に、かけたほうが先に切るのが礼儀ですが、目上の人や上司、クライアントなどの場合、自分から切るのは失礼になります。

MANNERS

相手が切り終えるのを確認してから切る

相手に「ガチャン」「ブチッ」と終了音が聞こえないように、相手の終了音を確認してから、静かに受話器を置きます。あるいは、指でそっとフックをおさえてから、受話器を置く配慮が美しい余韻を生みます。

MANNERS

電話終了後は、2､3秒沈黙のひと呼吸を

受話器を置く間の会話が相手に聞こえてしまうこともあります。せっかく話をまとめても、これでは台無しです。

携帯電話にありがちな通話のトラブル

電波が悪くて、通話が途切れてしまった

「かけた側」がすぐにかけ直します。相手が出ない場合は、留守番電話に「先ほどお電話をさしあげました、○△と申します。通話が切れてしまい大変失礼いたしました。またこちらから改めてお電話さしあげます」と、メッセージを残して、こちらがかけ直したことがわかるようにしておくこと。

通話の途中で、バッテリーがなくなりそう

バッテリー残量が少ないのがわかっているときは、あらかじめ相手にそれを伝えたうえで電話をかけます。「バッテリー残量が少ないので、万が一通話が途中で途切れた場合は、こちらからかけ直します」とひとこと伝えておけば、会話が途切れてしまったときも安心です。

壁に耳あり障子に目あり！先方に関する重要事項や、仕事の詳細については、外での電話で話さないようにね。僕が言いふらしちゃうかもよ～

周囲の雑音が気になる

どこからでもかけられるのが携帯電話のメリットです。ただし周囲の雑音は、自分が思う以上に相手には耳ざわりな場合もあります。大事な話をしているのに、飲食店や歩行中の雑音が鳴り響いたら、「どんな状態で、大事な話をしているのか」と、相手に不信感を抱かせることにもなりかねません。どんなに急いでいても、できるだけ周囲に人がいない静かで落ち着いた場所を選ぶ努力を。

どの通信手段を選ぶべき？ それぞれのメリットとデメリット

メール

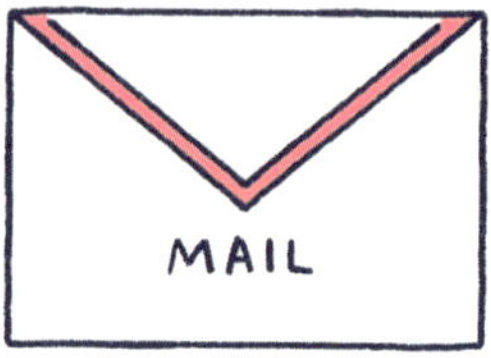

いいところ

- 少ない文字数で、用件から書きはじめられる
- 証拠として残る
- 相手の時間を奪わない

注意点

- 相手が自分の期待通りに読んでくれているか確証がない
- 言葉のニュアンスのとり方で、誤解が生じやすい

すれ違いを回避するコツ

「言いにくいことはメールで…」と、逃げの姿勢で用いると逆効果です。謝罪、クレーム対応、お金に関する話など、繊細なやりとりであればあるほど、自分の声や、対面で伝えて。悪い知らせや不快なやりとりなどもすべて証拠として残るのは、メリットでもあり、デメリットにもなります。

（会社や家の）
固定電話

いいところ

- 誤解があれば、その場ですぐに確認がとれる
- 声の抑揚、話す速度など、耳からの情報がプラスされる
- 謝罪、誠意などが伝わりやすい

注意点

- かける時間帯に配慮が必要
- 相手の表情まではわからない
- 必ずしもつながるとは限らない

すれ違いを回避するコツ

会社の固定電話の場合は、就業時間内にかけるようにします。個人宅の場合は、あらかじめ都合のよい時間帯を確認しておきます。こちらが話したいことがあっても、相手が気持ちよく聞いてくれるとは限りません。かける前に伝えたいことを復唱して、まとめておきましょう。

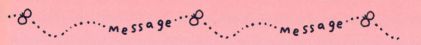

携帯電話

すれ違いを回避するコツ

本人に直接つながるので、すぐに何かを伝えたいときに便利な反面、相手の生活ペースを乱すことにもなりかねません。個人宅の固定電話にかけるとき同様、あらかじめ、都合のよい時間帯を確認しておくと安心です。たとえ電話に出なくても、留守電にメッセージを残して、何の用件でかけたかなどがわかるようにする配慮が必要です。

◎ いいところ

- 本人に直接つながる
- 誤解があれば、その場ですぐに確認がとれる
- 声の抑揚、話す速度など、耳からの情報がプラスされる
- 謝罪、誠意などが伝わりやすい

⚠ 注意点

- かける時間帯に配慮が必要
- 相手の表情まではわからない
- 案件の重要さの判断が、人によりさまざま
- 電源、電波などにより、会話中断のリスクがある

FAX

すれ違いを回避するコツ

「読めないので、再送…」という二度手間を避けるために、濃い、太めのペンを使います。また、送信前に、電話かメールで「○時頃○枚のFAXを送る」と知らせておくと受信者も安心です。

◎ いいところ

- 証拠として文書が残る
- 相手の時間を奪わない
- 図版、イラスト、地図などのビジュアル資料を送れる

⚠ 注意点

- 送信ミス、受信エラーなどが起こる可能性がある
- 送信された文書が本人に届いたか、確認が必要
- 枚数が多いときは、先方の了承を得る配慮が必要
- 個人宅の場合は、送信時間帯に配慮が必要

ビジネスメール美人はやっている！
6つの気配り

気配り1

送信時間帯に配慮する

メールのメリットは、好きなときに送信できること。だからといって、いつ、どんなメッセージを送っても大丈夫、というわけではありません。たとえば、金曜日の夕方以降に仕事の依頼メールを送信したとします。送信した側は「一件落着」とすっきりするかもしれませんが、受け手はどうでしょう？週末の夜を台なしにされた…と思うかもしれません。メールといえども、メッセージ内容と時間帯によっては、相手を困らせかねない、という想像力を働かせて。

気配り2

勤務時間外のメールには、失礼を詫びるひとことを

深夜、早朝、週末の送信メールには、「早朝（週末）のメールで失礼します」「夜分遅くに失礼します」など、就業時間外にメールする失礼を詫びるひとことを冒頭に入れます。
「メールが届いたのを確認した以上、見ないわけにはいかない」というのが、受け手の心理です。勤務時間外にその心理的負担を相手に課すのであれば、やはり最低限の気配りのひとことは必要です。

気配り3

書いてすぐ、送信しない

メールは、パソコンを通した「手紙」。勢いで書いてそのまま送信するのは、危険です。あらゆる誤解の火種となりかねません。どんなに忙しくても、送信前に全部読み直し、誤字脱字はないか、相手の名前に間違いはないか、相手に伝わりにくい表現がないかなど、最低限の確認を。

気配り4

手間を省いても、敬意のひとことは省かない

住所やアドレス変更の知らせなど、用件のみを一度に多くの人に知らせたいとき、メールは便利です。ただし、一斉送信だと事務的で、無味乾燥な印象になりがち。「お世話になっております。一斉送信メールで失礼いたします。このたび住所が変更となりましたので…」と、ひとこと添えるだけで、手間を省いたことを相手に詫びる姿勢が醸し出せます。

気配り5

内容を整理する手間を惜しまない

用件がいろいろあると、長いメールになってしまうことも。そんなときは、箇条書きにする、番号をふるなど、相手が何を判断すればいいのかがわかりやすいよう、できるだけ整理するひと手間を。

気配り6

相手を急かさないひとことを添える

ビジネスメールのやりとりは膨大で、エンドレスになりがちです。事務的な連絡メールでとくに返信の必要がないときは「ご返信のお気遣いなく」のひとことを添えます。また、急ぎでない場合は、「ご返信は、週明けの昼すぎで大丈夫です」というように、相手を不用意に急かさないひとことも、受け手の負担を軽くします。

DAYTIME

もっと上手に伝言を 笑顔が生まれる！ メモ・フセンのアレンジいろいろ

ARRANGE.1 “色”でインパクト強調

黄「忘れないで」、赤「注意」「用心」、緑「いわたり」というように、フセンの色でメッセージ内容を強調。

ARRANGE.2 “切りこみ”で存在感アップ

カッターで切りこみを入れて、書類などに差しこみます。フセンはありがちで埋もれてしまうけれど、これなら「あれ？」と、気に留めやすくなります。

メモに
切りこみを！
ちょっとした
工夫で
オシャレに！

ARRANGE.3 あえて“縦書き”で

ちょっとした用件は横書きでも、大事な用件だけは縦書きにすると、ピシッと締まった印象に。ショート、シンプル、ダイレクト！　がいいメモのポイントです。

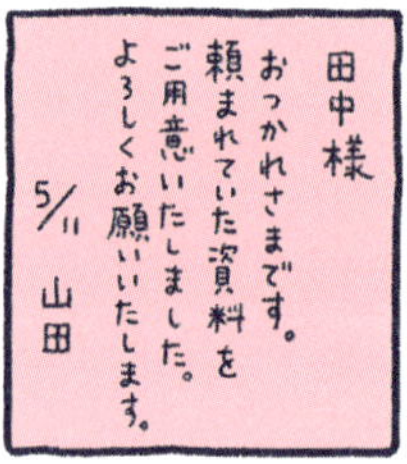

田中様
おつかれさまです。
頼まれていた資料を
ご用意いたしました。
よろしくお願いいたします。
5/11
山田

ARRANGE.4 “はさみ”を入れる

おめでとう！
おつかれさま！
がんばってね！

ARRANGE.5　“いろんな線書き”をプラス

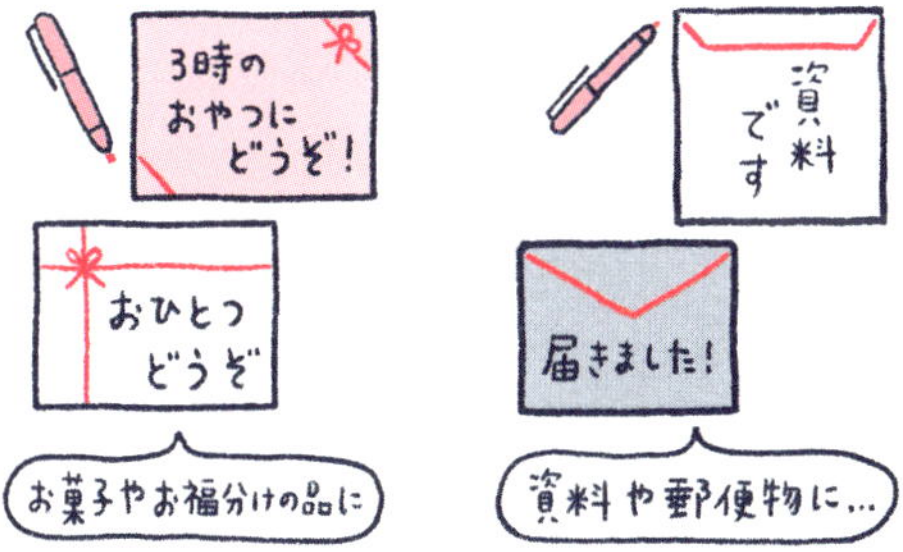

ARRANGE.6　“立体”にする

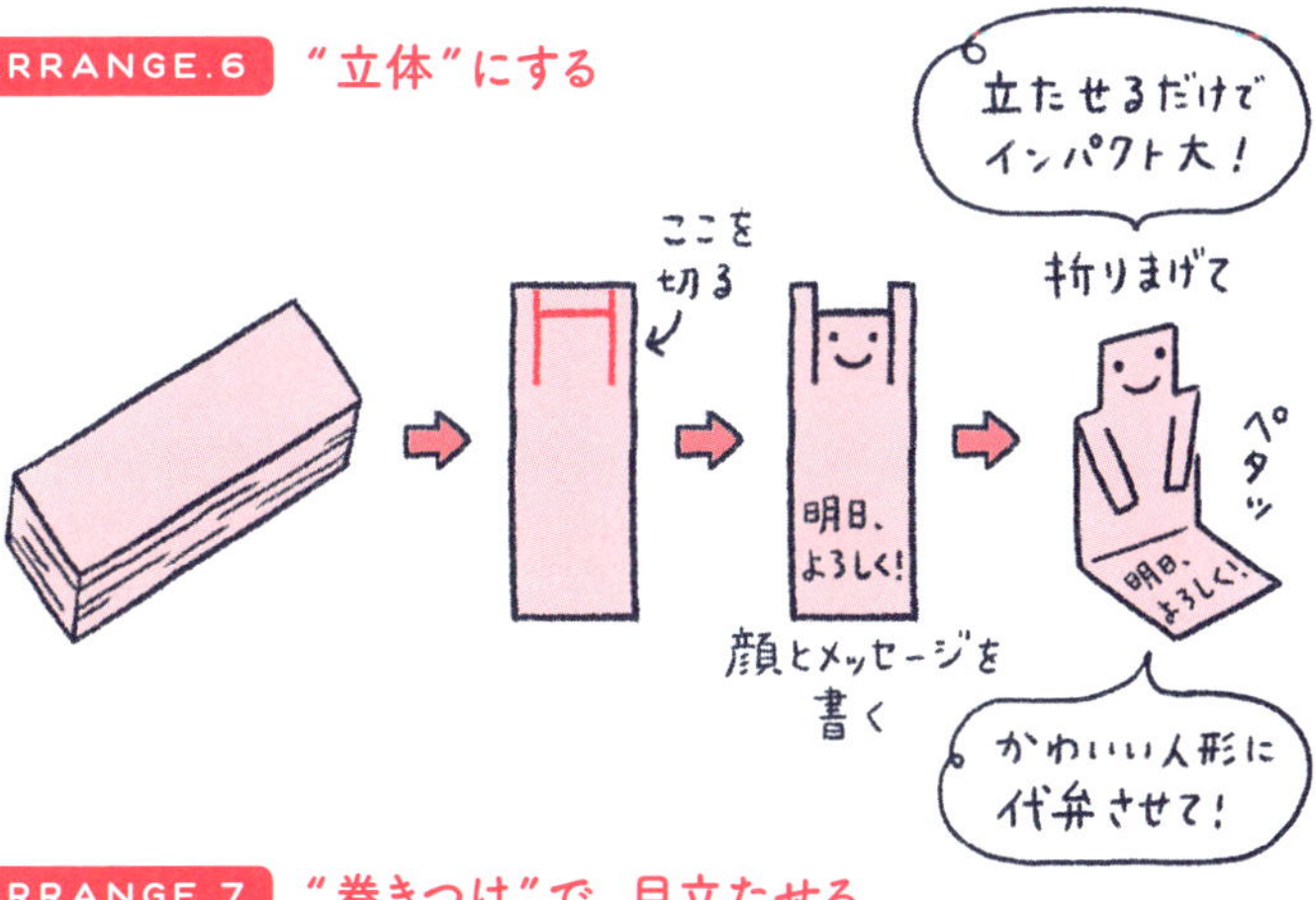

ARRANGE.7　“巻きつけ”で、目立たせる

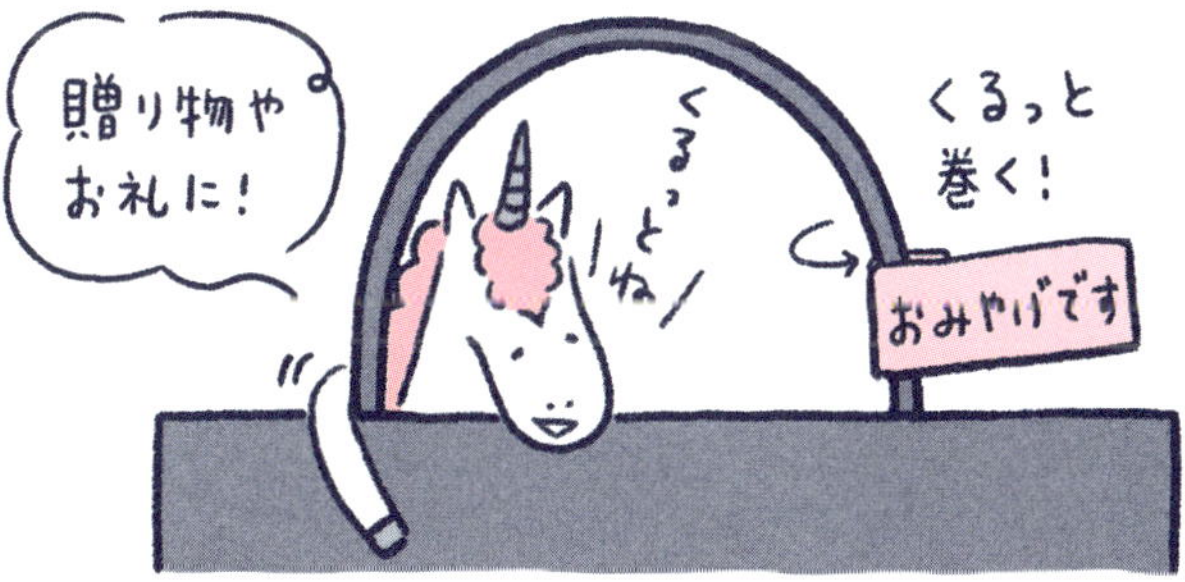

DAYTIME

手紙を書きたいけど、いつも後回しにしちゃう

筆まめ美人になりたい人の
便箋に向かう心が軽くなる6つの「いい」

いい1

お礼はハガキだっていい

昔は、ハガキは略式のものだったのでお礼に使うのは失礼、という人もいましたが、メール隆盛の今、手書きであればハガキだって充分「ていねい」。季節のハガキと切手をストックしておき、翌日に投函する、くらいのテンポでぜひ実践してみて。罫線が入ったものが書きやすくておすすめ。

いい2

文字のうまさはどうでもいい

字が下手だから手紙が苦手…という人がいますが、大事なのは、一字一句、ていねいに書いたかどうかです。逆にきれいな字でも、心がこもっていないと、どことなくそらぞらしい印象になってしまいます。字は話し言葉の「声」と同じです。

いい3

定型の決まり文句はどうでもいい

手紙のルールを気にするあまり、書き出せない人がいます。でも、決まり文句は、必ずしも必須ではありません。「○△さん、お元気ですか？」「先日は本当にありがとうございました」などと、話しかけるような出だしでも、充分気持ちは伝わります。

いい4

手紙用のペンを買っておくといい

「ああ、早く手紙を書く機会がこないかなあ」とそわそわ待ちたくなるような、素敵な万年筆や細い筆ペンなど、ふだん使うのとは違う特別な筆記用具を用意しておきます。チャンスがきたとき「そらきた！」と勢いが出て、筆不精を脱するきっかけに。

いい5

ハロウィンやクリスマスでもいい

手紙を書く機会がなかなかないなら、ハロウィンやクリスマスなどにカードを送るのも楽しい企画。自分が、日本より海外の行事にテンションが上がるなら、それにかこつけて。行事に直接関係ない、日頃の感謝や近況報告だって、もらえば相手はうれしくなります。

いい6

季節感は、植物や気温だけでもいい

かたい手紙だと時候のあいさつを入れることもありますが、もっとラフでもいいのです。「桜が咲きそうですね」「もう紫陽花の季節ですね」「半袖ではさすがに肌寒くなってきました」など、書いているときに感じた季節の移り変わりを入れるだけで、手紙に表情が出ます。

メールやSNSがメインツールになってるから、手紙をもらう機会は激減してるんだって。だからこそ、もらったらそれだけで喜んでもらえるはずだよ

お礼・季節の手紙

贈り物へのお礼

〈文例〉

長い梅雨がようやく明けたと思ったら、
あっというまに陽射しがまぶしい季節の到来です。
先日は、夏の贈り物をどうもありがとうございました。
ひんやり冷たいシャーベットに、
心も体もさわやかな清涼感に包まれました。
ストロベリー、オレンジ、キウイなど、
鮮やかな色を見ただけでも元気が出ました。
秋の味覚がおいしくなる頃に、
また、ぜひお会いできることを楽しみにしております。

文面のポイント

贈り物のお礼は、食べたときのうれしさ、見た目の美しさなどをできるだけ具体的に。

言い換えのポイント

お中元などの一般的な言葉を、あえて自分の言葉で言い換えるとおしゃれです。「夏の贈り物」のほか、「冷たいスイーツ」「夏を感じるプレゼント」など。

励ましの手紙へのお礼

〈文例〉

先日は、心のこもったお手紙をありがとうございます。
うれしくて、2回くり返して読みました。
励ましの言葉の数々に触れ、ずいぶん楽になり、
またイチから頑張ってみようという気持ちになりました。
今度は私のほうがお力になりたいです。

文面のポイント

うれしい気持ちを素直な言葉で表現します。また、相手の言葉に触れ、自分がどう変化したのかも伝えます。

言い換えのポイント

「温かい言葉がつまったお手紙」「やさしさいっぱいのお手紙」など、自分にとってどんな手紙であったか、シンプルでわかりやすい表現で伝えます。

寒中お見舞い

松の内が明ける1月8日～立春
（2月4日頃）までを目安に。

〈文例〉

寒中お見舞い申し上げます。
いかがお過ごしですか。
私は、年をまたいで続いていた仕事がようやく落ち着き、
ひと足遅れのお正月気分を味わっております。
春の訪れにはまだ遠いですが、
梅の花が咲く頃になったら、ぜひお食事でもいかがですか。
まだまだ寒い日が続きますが、くれぐれもご自愛くださいませ。

文面のポイント

1行でいいので近況報告も添えるようにします。

言い換えのポイント

「風邪などひかれませぬよう」「お体お大事になさってくださいませ」などと言い換えるとやわらかな印象になります。
暑中お見舞い

梅雨明け～立秋（8月8日頃）までを目安に。
立秋以降は、残暑お見舞いになります。

〈文例〉

暑中お見舞い申し上げます。
「生ビール」の文字に、ついつい目が引きつけられる毎日です。
お変わりありませんか。
昨年の今頃は、○△さんと初めてお仕事をご一緒させていただきました。
1年が経つのは、本当に早いですね。
実は、再びご相談させていただきたい案件がございます。
今準備中ですので、蝉の鳴き声が落ち着いてくる頃に
改めてご連絡さしあげます。
お体にお気をつけて、この暑い夏をお互いに乗りきりましょう。

文面のポイント

最後は、暑いさなかに相手の健康を気遣うひとことで締めくくります。寒中お見舞いも同様に。

言い換えのポイント

定型文でよくあるのが「炎暑がことのほか厳しい毎日です」「厳しい暑さが続いております」「酷暑たえがたき今日この頃です」など。文例のように、その季節を自分がどう感じているかを素直に表現したほうが、いきいきとした印象になります。

仕事でお世話になっている方への年賀状

〈文例〉

謹賀新年

旧年中は大変お世話になりました
今年も充実した仕事ができるように努めてまいります
まだまだいたらないところもありますが
今後ともご指導のほど、よろしくお願いいたします

【賀詞の種類と意味】

- 4字　恭賀新年
（うやうやしく新年をお祝い申し上げます）
- 2字　賀正（正月を祝う）／慶春（新年をよろこぶ）／迎春（新年を迎える）　など
- 1字　寿（めでたい）／春（新年、年のはじめ）／賀（祝い）　など
- 1文　あけましておめでとうございます／新春のお慶びを申し上げます　など

文面のポイント

賀詞（年賀状の書き出しのひとこと）は4字が基本です。2字や1字の賀詞は略儀的なものなので、目上の方、仕事でよくお世話になっている方には避けたほうがよいでしょう。

言い換えのポイント

「これからもご支援のほど、…」「温かくご指導いただけましたら幸いです」「本年もよろしくお導きくださいませ」など。

親しい仕事関係者への年賀状

〈文例〉

あけましておめでとうございます。
○△さんの斬新なアイデアに、
いつもたくさん刺激を受けています。
今年はどんなお仕事でご一緒できるか、
すでにワクワクしております。
お互いに、素敵な1年にしましょうね。

文面のポイント

年賀状は、1年で最初の言葉の贈り物です。今後の活躍、幸せに胸躍るような祝福の言葉を添えます。「例の件、どうなっていますか？」など、催促や戒めめいたひとことなどは、たとえ冗談や軽い気持ちでも、避けましょう。

言い換えのポイント

相手との関係性やおつきあいの親密さをふまえて、今後の展望や期待を素直な言葉で表現します。「高橋さんとのお仕事を通して、私もさらに成長したいです」「本年はもっとおもしろいことができそうな予感がします」など。

年末に感謝の気持ちを伝える歳末状

〈文例〉

今年1年、ありがとうございました。
いろいろと大変なこともありましたが
○△さんのお力添えで無事終えることができ、
ほっとしております。
来年もよろしくお願いいたします。
素敵なお正月をお迎えくださいませ。

日頃の感謝を伝えるなら「歳末状」というのもしゃれています。年賀状が主流のなか、年の瀬に届く一葉のハガキは印象深いもの。1年が終わろうとしている忙しいときにこそ、その年を振り返り、お世話になった人に想いを巡らせる時間を持ちたいですね。

文面のポイント

出会いやご縁に感謝するひとことではじめるのが、ストレートに想いを伝えるコツです。

言い換えのポイント

「来年もよい年になりますように」「心おだやかに楽しい年の瀬をお送りくださいませ」など、この時期にふさわしいひとことで締めくくります。

DAYTIME

どっちが偉いかわからない!

「役職」のヒエラルキーで混乱しないコツ

第4幕

そろそろ退社か、残業か!?

～1日の終盤のお仕事のコツ～

DAYTIME

会社帰り、何の楽しみもない

「5つの鑑賞」で 帰り道がエンタメ化する

鑑賞1

「ライブ」で、ノリノリ

レイトショー、舞台、音楽ライブ、お笑いライブなど、「ライブ」だからこその臨場感と迫力は格別。仕事でこりかたまった五感がみるみる刺激され、元気いっぱいに。季節に応じて、お寺や神社では怪談話や雅楽などのイベントが開催されたり、蛍鑑賞ができるホテルの庭園も。アフター6に「ライブ」の楽しみがあれば、潔く仕事を強制終了できる!

鑑賞2

「夜景」で、まったり

黄昏時の仕事帰りだからこそ、見られる景色があります。ビルの展望台やデパートの展望レストランは、見渡す限りの夜景。ちょっと足を延ばして、空港の展望デッキで飛行機の離発着を眺めるのも◎。

鑑賞3

「異空間」で、ドキドキ

夜の動物園は、昼間とはまったく違う動物たちの表情や動きを楽しめます。ナイトツアーを実施している水族館もあり、ライトダウンした館内は昼間とは別世界。都会の片隅で、野生動物たちと夜の異空間にちょっぴり浸ってみるのも素敵です。

鑑賞4

「本物」で、キリッ

夕方以降に来館可能な美術館、実はたくさんあるので、帰り道にあるかどうか調べてみて。仕事モードをオフにして、本物のアートをゆったりとした気分で眺めてみれば、新しい活力やアイデアが湧き出てくるかも。東京なら「東京オペラシティ アートギャラリー」「Bunkamura」「ワタリウム美術館」「森美術館」などがおすすめ。

鑑賞5

「白」で、うっとり

夜だからこそ、美しく見える色があります。それは「白」。モクレン、ツツジ、紫陽花、夾竹桃、コスモス、サルスベリなど、身近な花々も闇の中では白さが際立ち、妖艶な美しさに。夜になると花の香りもいっそう濃くなります。帰り道、沿道や公園の四季折々の白い花々にちょっと目をやるだけでも、疲れた心と体をリセットできるはず。

DAYTIME

また今日も残業

時間に消耗されない自分になって テンポよく仕事を終える！

はっきり「ゴール」を決める

「この企画書を完璧に書き終えるまで！」こんな目標設定で仕事を進めていませんか？　そもそも、完璧というゴールは存在しません。そのとき完璧だと思っても、時間が経ってから見たら「ここも直したい」というところが出てきます。ですから「この仕事のゴールは、2枚書き終わったとき」「1〜5の項目を全部埋めたとき」という、物理的な着地点を決めましょう。

メールより「自分の仕事」を優先する

「メールはすぐ返さなきゃ」と、ついつい、メールの更新ボタンをクリックしがちですが、そもそもメールの案件は、電話よりも急ぎではないはず。ですから「2時間に1回だけ見る」などリズムを決め、それ以外は自分の仕事に意識を注いで。あなたの大事なメイン業務、優先していいんです。

実はさ「自分ひとりでやる仕事」と「他人と共同でやる仕事」の割合は、平均で4：6なんだって。「ひとりでやる仕事」が労働時間の3割を切ると「時間がない（＝もっと考える時間がほしい）」という気持ちになるんだってさ

もっと、時を実感したい！　という方は砂時計がおすすめ。
1、3、5、7、10分、15分、30分…というように設定時間も豊富。

タイマーや砂時計で、「作業終了時間」を決める

1つの作業をスタートするときに、いつ終えるかを決めましょう。スマホのタイマーや砂時計なら、小刻みな時間設定ができます。目安の終了時間が設定されると、集中力も高まり、ダラダラ続けることがなくなります。このとき「企画書」などの大きな範囲ではなく「企画書の〝企画意図〟の欄を埋める」など、15分程度で終わるよう小分けにすると、テンポよく進みます。

「ひとりでやる仕事」も、スケジュール帳に組みこむ

仕事の大部分は、ひとりでやるデスクワークです。他人と共有する打ち合わせなどより、自分の裁量でいかようにもできるため、スケジュール感覚が甘くなりがち。経費の清算、書類の作成など、こまごましたデスクワークの数々にも〝時間を切り貼り〟することで、時間内に終わらせる意識が芽生えます。

「明日のやることリスト」を書いてから帰宅する

一番効率の上がる朝の時間帯にスタートダッシュがきれるよう、前日の終わりに、「明日のやることリスト」を書くのを習慣化。出社したときに、今日やることが整理されているので、ダラダラしないですぐとりかかれます。前倒ししている勢いで、仕事を追っている感覚が持てるので、残業どころか午前中に大事な仕事を終えられる…というミラクルが起こるかも。

時は金なり
タイマー
15:00

自分スケジュール的にここで伸び!
んー
それからメール返信!!

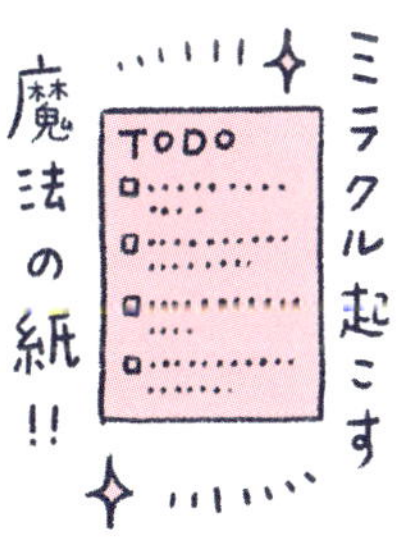
ミラクル起こす
TODO
魔法の紙!!

DAYTIME

目がチカチカする

頑張ってくれた目をいたわる 疲れ目を復活させるコツ

何か…
かすんで
みえる
カチカチ
あれは…
死んだ
おじいちゃん？

座りながらできる 目の疲労回復

目にやさしい色を見る

「緑色」には、リラックス効果があり、目への刺激が少ないとされます。デスクまわりに観葉植物を置いて、疲れたときにちょっと眺めるだけでも効果アリです。

疲れを感じたら、目を閉じる

目は、外界からのストレスを受けやすい器官です。疲れを感じたら10分ほど目を閉じるだけで緊張をほぐすことができます（P104～105も参照）。

目にやさしい 食べ物＆飲み物

ブルーベリー

紫色のアントシアニンという色素は、眼精疲労に効果があります。パソコンを見続けて疲れを感じたら、サプリメントを服用してみるのも◎。

菊《きっ》花《か》茶

血行を促し、疲労回復効果のある菊花茶は、疲れ目予防にもなります。

ブルーライト対策いろいろ

パソコンやスマホの液晶画面から出るブルーライト（青色光）は、眼精疲労の原因にもなります。機器の使用は仕事に必須ですが、少し工夫して、ブルーライトの影響を最小限にしましょう。

ディスプレイの明るさを下げる
明るさ全体を下げることで、ブルーライトも軽減します。

ブルーライトの輝度《きど》を下げる
多少画面が赤みがかるものの、ブルーライトのみの輝度を下げるのは効果的です。

ブルーライト軽減アプリを使う
手動がめんどくさい人は、自動調整でブルーライトを軽減するアプリを使用してみるのも手。

ブルーライト対策メガネを使う
パソコンを見るときだけかければいいので、ディスプレイの調整がめんどくさい人にはおすすめ。

ブルーライト対策の液晶フィルムを使う
液晶画面をフィルムで覆って、ブルーライトをカットします。

眼精疲労のツボ「絲竹空《しちくくう》」「攢竹《さんちく》」を押す
人差し指の腹で、やさしく刺激します。

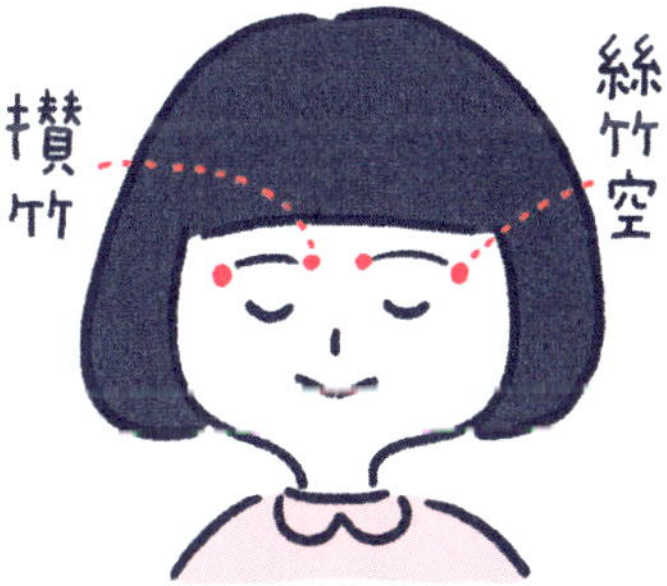

チラ見！で癒し

デスクに常備してたまーに覗き見したい、目のおやつ♪

万華鏡
くるくる回る変幻自在な色と形の異次元ワールドに、束の間、疲れを忘れそう。

DICカラーガイド
数百種類の色をまとめた見本帳。ぱらぱら眺めるだけで、微妙な色彩の世界に浸れる。「日本の伝統色」「中国の伝統色」「フランスの伝統色」など数種類あり、色につけられた名前もみやびで情緒たっぷり。

『世界の模様帖』（江馬進著、青幻舎）
世界各地のテキスタイル模様を集めた1冊。美しい模様を眺めているだけで、世界各地を旅した気分に。

DAYTIME

肩や腰がガッチガチ

こりが、すーっと軽くなる!
オフィスでできるストレッチ&ツボ押し

3分ですっきり!
肩&腰ほぐしストレッチ

肩・首まわりストレッチ

1. 足を肩幅に開いて立ち、肘を肩の高さにし、指先を肩につける。

2. 左肩が正面にくるように、上半身を右にねじる。顔は、ひねる方向と反対側を向くようにする。これを5回くり返す。右側も同様に。

腰まわりストレッチ

1. 足を肩幅に開いて立ち、手を肋骨の下あたりに置く。親指は前、残りの指は背中側に。

2. 左肩が正面にくるように、上半身を右にねじる。顔は、ひねる方向と反対側を向くようにする。これを5回くり返す。右側も同様に。

仕事しながらツボ押し!
肩も腰もリラックス

肩井《けんせい》

首の根元と肩先の中間にあるツボ。肩や頭部の血流がよくなる。

後渓《こうけい》

小指の付け根付近、手の平と手の甲の境目にあるツボ。肩こりの痛みを軽くする。

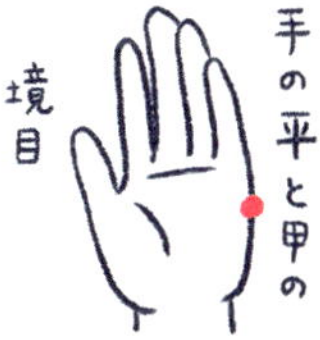

合谷《ごうこく》

手の親指と人差し指の付け根の骨が交わる少し手前にあるツボ。眼精疲労からくる肩こりに効く。

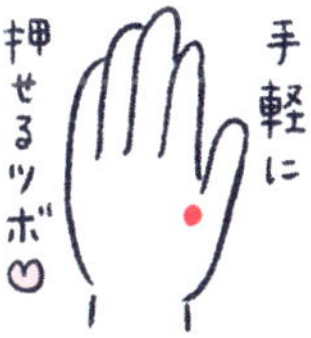

腎兪《じんゆ》

ウエストと背骨が交わる位置から、指2本分左右外側に位置するツボ。へその高さで腰に手をあてると、親指が自然に届くあたり。腰の重だるさ、腰痛に効く。

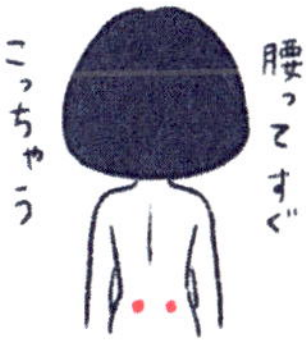

肩こり・腰痛は「血行不良」も原因の1つ
あなたはどのタイプ?

1. 血液どろどろ「瘀血《おけつ》タイプ」

➡ストレス過剰、疲労、運動不足、偏った食生活の人に多い。外的な要因が、肩こりや腰痛にもつながる。

食べて解消のコツ!

血液サラサラ効果のあるかぼちゃ、にんじん、ブロッコリーなどの緑黄色野菜、いわし、さばなどの青背の魚など。

2. 手足ひんやり「冷え性タイプ」

➡手足、腰が冷えやすく、疲れやすい人に多い。血管の伸縮を悪くさせ、血流が滞る。

食べて解消のコツ!

体を温める、にら、生姜、黒砂糖や、血行をよくするビタミンEが豊富な、くるみ、栗、ピーナッツなど。

3. 消化器官が弱い「胃腸虚弱タイプ」

➡胃腸が弱い人に多い。筋肉が必要とする栄養分が充分に吸収できず、結果、血行も悪くなる。

食べて解消のコツ!

胃腸の働きを整える、じゃがいも、やまいもなどのいも類など。

血液サラサラ効果バツグンの食材は、何といっても「たまねぎ」! あとは、鉄分をしっかり補給できるドリンクや、プルーンなどもおすすめ

DAYTIME

足がむくんでパンパン

おーい、足、大丈夫かー

足すっきりを作る5つの習慣

① 足元をぽかぽかに

体が冷えると足の血流も悪くなります。冷たい空気は部屋の下のほうにたまるため、ブランケットや足裏専用カイロで、足先が冷えない工夫を。段ボール箱に湯たんぽを入れれば、即席の足元こたつに（P164～165も参照）。

② こまめに水分補給＆トイレ

たまった老廃物はむくみの原因。冷暖房が効いたオフィスは乾燥しているので、こまめに水分補給も。トイレも我慢しないで行くように。「流す」はむくみ対策の基本です。

③ 着圧ストッキングや靴下を身につける

ギュッと圧力をかけてくれる着圧レッグアイテム。足の血液循環やリンパ液の流れを促進するといわれています。ハイソックスタイプなら、会社ではいて、会社で脱いで帰ればいいので手軽です。

見えない所で
実は 運動!
おやつに
バナナ♪
着圧タイプは
気もひきしまる!

④ 塩分とりすぎに注意

インスタント食品、加工食品の食べすぎに注意。塩分が高く、体内に余分な水分をためこんでしまいます。干し柿、バナナなどは、カリウムを多く含み利尿効果が期待できるので、おやつ代わりにぜひ。

⑤ 足首エクササイズ

血流をよくして、余分な水分がたまらないようにするには、足首がキーポイントです。

つま先上げ下げ

かかとは床につけたまま、ふくらはぎの筋肉を意識して、つま先を軽く上に上げます。数秒上げたままにしてから下ろします。

かかと上げ下げ

つま先を床につけたまま、すねの前の部分と足の甲が伸びているのをイメージして、かかとだけ軽く上に上げます。数秒上げたままにして下ろします。外出中に階段を上るときにも、足を持ち上げるときにこのエクササイズをイメージしてみて。

許されるなら、机の下に
段ボール箱を置いて、
オットマンにしちゃえ…!

DAYTIME

手足が冷たい

「6つの温めポイント」をおさえて 冷えたオフィスでも全身ぽかぽか

6つの温めポイントはココ!

「寒いなあー」と感じたら、血管が多く、血流が滞りがちな、「首」「おなか」「腰&太もも」「おしり」「二の腕」「足首」のどこかを温めるのが大事です。

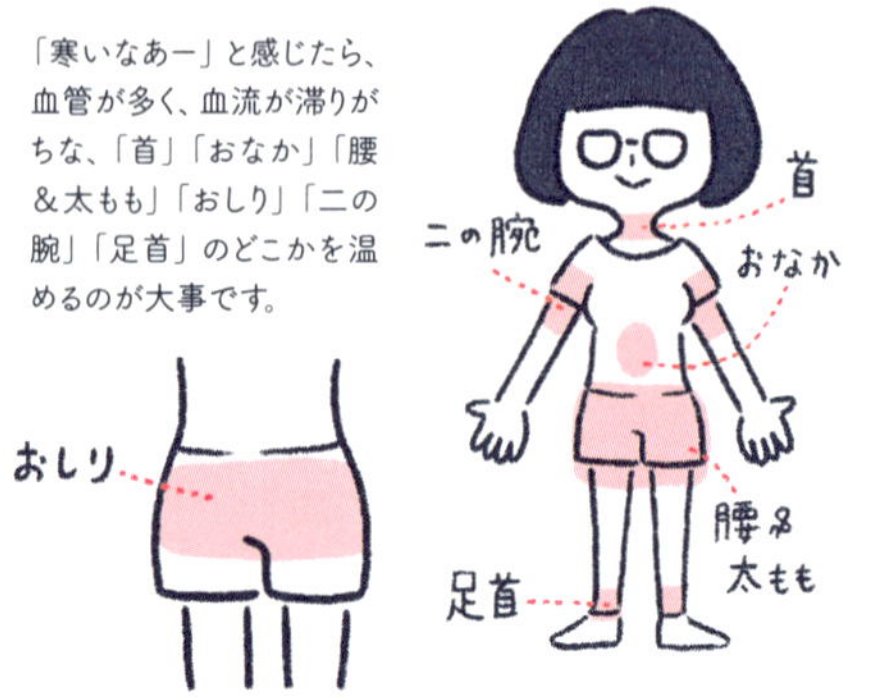

1. 首がぽかぽか

襟足の開いたカットソーやセーターのときは、オフィスでもショールやストールを常備。首が温まると頭への血流もよくなります。

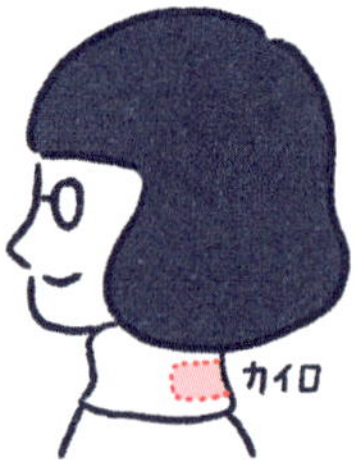

カイロの隠しワザ!

タートルネックの折り返し部分にカイロをはさみこむ。

2. おなかがぽかぽか

腹巻きはシャツやセーターの下に着るだけで、ほっとする温かさ。大事な臓器が集中するおなかを温めるだけで、体全体の調子が安定します。

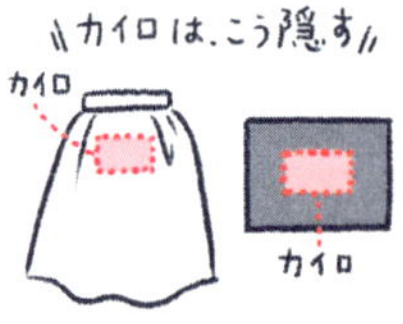

カイロの隠しワザ!

腹巻きや、スカートの裏に貼りつければ、さらにぽかぽか。

3. 腰＆太ももがぽかぽか

オフィスの冷房から下半身を守るため、膝かけやブランケットは必需品。

カイロの隠しワザ!

脱ぎ着ができるベストやジャケットの腰骨のあたりに貼ると、体温調節に便利。膝かけやブランケットの裏側にも貼ると、太ももから足先までぽかぽかに。

4. おしりぽかぽか

おしりの下と背中にクッションをあてます。おしりの冷えは案外気づきにくいもの。温まるまで時間がかかるので、触ってみて「冷たい」と感じたら、すぐに対処して。

カイロの隠しワザ!

クッションカバーの裏側にもカイロを。パンツにポケットがあれば、ポケットの内側にもミニカイロをイン。背中とおしりが、じわじわぽかぽかに。

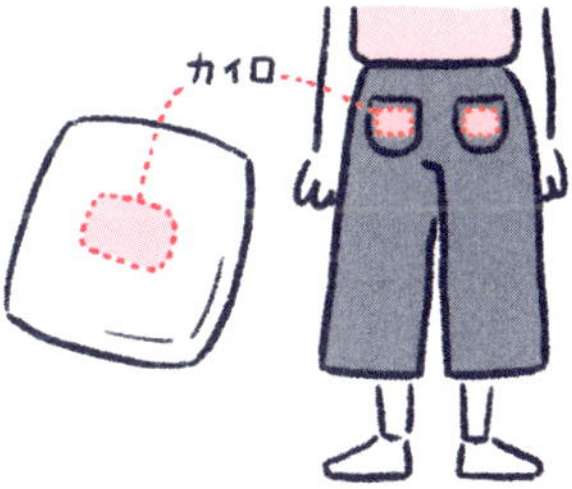

5. 二の腕ぽかぽか

意外と見落としがちなのが二の腕。血流が滞って冷えれば冷えるほど、肉がついてぷよぷよに。冷房が効くオフィスでは、夏でもカーディガンなどでしっかりカバーして。

カイロの隠しワザ!

冬場はインナーに貼りつけて、二の腕を下から包みこむように温めて。

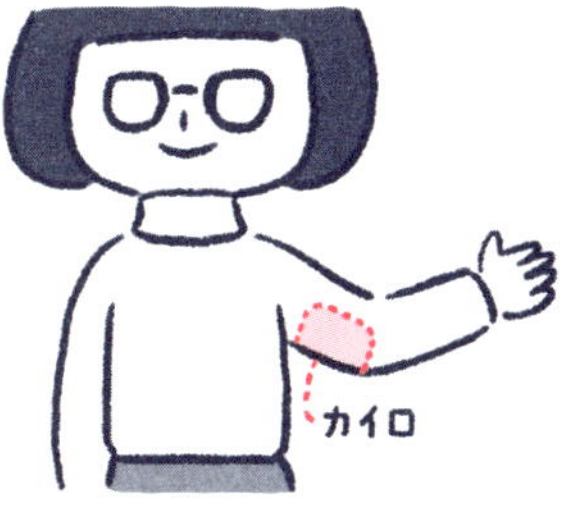

6. 足首ぽかぽか

オフィス用にレッグウォーマー常備。「第二の心臓」と呼ばれるふくらはぎを温めれば、下半身の血流もよくなります。オフィスなので、着脱がラクで地味めなものを選んで。

カイロの隠しワザ!

レッグウォーマーの内側に、ふくらはぎや足首を包みこむように貼る。ロングブーツの内側に貼れば、外出中も足元からぽかぽか。

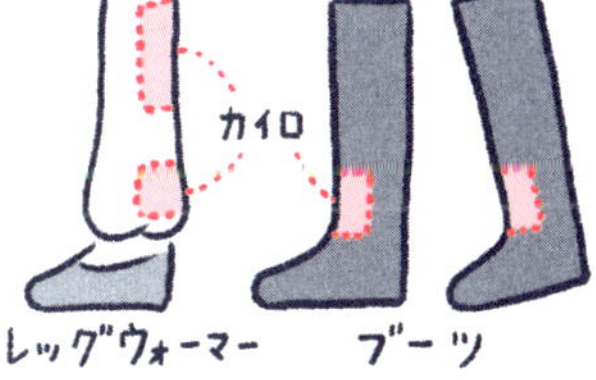

DAYTIME

ちょっとだるい、寒い、ボーッとする

体調、悪化させないで！「風邪っぽい」と思ったら…

①体を温める

体温が上がると、免疫力もアップします。温かいお風呂に入ったり、1枚多めに着たり、カイロを貼ったりして、体を温めて。

【生姜と黒砂糖のせんじ汁】

風邪の引きはじめに飲むと効果的。生姜が寒気をとり、黒砂糖が血行をよくします。

〈作り方〉700mlの水に、生姜5かけ、黒砂糖20gを入れ、15分間煮出す。

②睡眠と水分をたっぷりとる

体力回復にはたっぷり寝ること。また、水分が失われると、ウィルスが増殖しやすくなるので枕元に飲み物を用意するなど、就寝中もこまめに水分補給できる工夫を。

③葛根湯《かっこんとう》を飲む

風邪の初期症状に効果大の漢方薬です。寒気や関節痛などを感じたら、食前・食間の空腹時に、温かいお湯ですぐに飲むのが効果的。血行や発汗をよくし、風邪の治りを早めてくれます。

④お茶を飲む

エキナセアティー

風邪、インフルエンザ予防はもちろん、さまざまな感染症予防に効果大。

エルダーフラワーティー

抗炎症作用があり"インフルエンザの特効薬"との異名も。のどのいがいが感、鼻水などの風邪の初期症状に効果的。

桂花紅茶

キンモクセイの花を入れたお茶。鼻の通りをよくしたり、風邪の引きはじめにいいとも。

ジャスミン茶

整腸作用と内臓を温める効果があり、風邪予防にも。

自分を大事に “体調管理のお仕事”

風邪のウィルスは数百種類あるといわれています。少し不摂生や無理をしただけで、たちまちダウン…とならないよう、日頃から、あなたの大事な体を守る習慣を身につけて。

1 手洗い＆うがい

基本ですが、人ごみを歩いたり、電車のつり革やトイレのドアなどに触れたりすると、さまざまな菌と接触します。流水でウィルスをしっかり洗い流しましょう。

2 外出時にマスク着用

風邪のウィルスは低温で乾いた空気を好んで活動します。マスクをしていると、呼吸するときに湿気や暖気が保たれ、ウィルスが繁殖しにくくなります。就寝中のマスク着用も◎。

3 口呼吸より鼻呼吸

鼻の粘膜や鼻毛は、鼻から入るウィルスの侵入を防ぐ働きがあります。鼻呼吸で風邪に感染しにくくなります。

4 部屋の湿度を高めに

冬場の部屋の湿度は50～60％を目安に。湿度が高いと、風邪のウィルスの活動も制限されます。洗濯物を部屋干しして、湿度を保つのも◎。

5 部屋の換気を怠らない

「寒いから…」と窓を閉めっぱなしにするのは、ウィルスを繁殖させるうえ、カビやほこりで空気が汚れる原因にもなります。午前と午後、1～2回は窓を開けて換気をするのが◎。職場で換気しにくいときは、お手洗いや休憩のタイミングで外の空気を少し吸うように心がけて。

⑤無理に仕事しない

しんどいときだと1時間かかる仕事は、元気なときなら30分で終えられるかも。「おかしいな…」と感じたら、定時で帰る、早退して病院を受診するなど、潔い決断を。

⑥ 酢水でうがい

「酢1：水3～5」の割合で酢水を作れば、殺菌効果バツグンのうがい薬に。

⑦「風池《ふうち》」を押す

後頭部のツボ「風池」を押すと、鼻づまり、頭痛、だるさなどの風邪の初期症状が和らぎます。風池は、後頭部の生え際の太い筋肉の両外側のくぼみにあるツボです。

DAYTIME

忙しくてなかなか病院に行けない

こまめな「体メンテ」を怠らない
自分の体を大切にする具体策

体のメンテも仕事のうち

毎日ついつい頑張ってしまうみなさんは、忙しいから、といって、体の不調を放置しがちでは？

でも「ちょっとおかしいな…」「なんかこのところ変…」など、少しでも気になることがあったら、すぐ受診を。無理することで、かえって体調不良を長引かせることもあるので、「治すのがお仕事よ！」くらいの気持ちで、病院に行く時間をとって。

仕事の合間に効率よく病院に行く工夫

◎ 会社の近くにかかりつけ医を見つける

休日を通院に費やすのは、何となくもったいない…。それならいっそのこと、会社の近くや乗り換え駅周辺で、かかりつけ医を見つけましょう。同僚に聞いてみると意外と知っています。

◎ 通院日を仕事のスケジュールに加える

忙しくて通院日をドタキャンしたり、後回しにしたり…なんてこともありがちです。通院は、「仕事の予定の1つ」と割りきって、仕事を終わらせる、前倒しするなどのやりくりを。

◎ 症状と受診目的を、箇条書きのメモにする

いざ問診…となると、うまく症状を伝えきれないことも。いつから、どんな症状があるのか箇条書きにしておくと、伝え漏れがありません。また、「仕事に支障が出ないよう、症状を和らげてほしい」「不調の原因が知りたい」など、受診の目的をしっかり伝えるのも、治療方針にかかわるので大事なことです。

働く女性が定期的に受けたい検診

子宮頸《けい》がん検診（検診の目安：20歳以上は2年に1度）

子宮頸部のあたりに発生するがんです。20～30代の働き盛りで発症する人が増えています。初期は自覚症状がないため、定期検診で早期発見につなげることが大事です。一般的にゆっくりと進行するため、早期発見できれば治療効果も高いとされています。

乳がん検診（検診の目安：20歳以上は2年に1度）

日本人の女性がもっともかかりやすいがんです。12人に1人がかかるとされています。一方で、早期発見ならば、90％以上が治るとされているため、定期的な検診が大切です。

各自治体の検診を受ける場合は、以下のHPか、各自治体のがん検診窓口へ直接問い合わせてみよう。思い立ったら今すぐに！

◎各自治体のがん検診窓口／都道府県
www.med.or.jp/forest/gankenshin/contact/list/

デスクワークにありがちな こんな疾患にも注意！

長時間同じ姿勢でデスクワークを続けていると、トイレをつい我慢しがち。膀胱炎や痔を防ぐために、こんなことに気をつけて。

膀胱炎にならないコツ

1 意識的に水分を補給

水をたくさん飲むと老廃物の毒性も薄まり、排泄を促します。

2 生理用品をこまめに交換

女性は男性に比べて尿道が短いため、膀胱が細菌感染しやすいです。生理中は生理用品をこまめに交換して清潔に。

3 おなかを温める

体が冷えると膀胱の血行も悪くなります。たとえ症状がなくても、日頃からおなかを温める習慣を。

痔にならないコツ

1 便秘を放置しない

便がかたいと、排便時に肛門に負担がかかります。食物繊維や水分をたっぷりとり、日頃から便通をよくする心がけを。

2 デスクワークの合間に体を動かす

おしりの血行不良は、痔の大敵です。長時間同じ姿勢は肛門にもよくないので、1時間に1回くらいの軽いストレッチで、おしりの緊張をリラックスさせて。

3 おしりを温める

おしりの冷えは、肛門周辺の血行不良にもつながります。クッション、膝かけ、カイロを使ったりして、おしりの冷え予防にも気をつけて（P164～165も参照）。

生理の日は、どうもゆううつ
生理リズムを味方につけて仕事に活かす3つのポイント

生理は便利なバロメーター

「腰が重いし、おなかも痛いし、頭がボーッとして集中できない…」

生理の日には体調や気分にいろんな不調が出てきて、しんどいもの。「なんで女ばかり、こんなに面倒なことが…」なんて思う人も多いのでは?

でも、生理前後の心身の変化をざっと把握しておけば、体調や気持ちの浮き沈みの理由がわかって意外と便利。仕事のスケジュールにもぜひ活かして。

生理前後の心と体のカレンダー
※生理周期28日の場合
1 2 3 4 5 6 7
1 生理中
8 9 10 11 12 13 14
2 生理後～排卵日
15 16 17 18 19 20 21
3 排卵日～生理前
22 23 24 25 26 27 28
排卵日～生理前

1 生理中

黄体ホルモンと卵胞ホルモンの分泌が減少し、子宮内膜がはがれ落ちて血液と一緒に体外に排出されます。

心身の変化

疲れやすく、貧血になりやすい時期。目を使いすぎると生理痛も出やすいので、パソコンを見る時間は最小限に。

食べ方のコツ

鉄分豊富で造血作用があり、ビタミンB群も含まれたプルーンは、貧血＆物忘れ防止に最適な食材。鉄分の入った食材やドリンクをとりましょう。

暮らし方のコツ

気分も沈みがちで、すっきりしない時期です。早めに帰宅してリラックスを心がけ、仕事はできるだけ無理をしないこと。貧血になりやすいときは脳の機能も低下し、ちょっとしたミスを起こしがちなので、その自覚を持つことが大事です。指差し確認やダブルチェックなど、物理的にミスを予防して。体を温める服装や食事にも気を配ります。

2 生理後～排卵日

卵胞刺激ホルモンが分泌され、排卵日に向けて、原始卵胞の1つが育ちはじめます。卵胞が発育するに従い卵胞ホルモンの分泌が増え、子宮内膜が厚くなります。卵胞ホルモンの分泌がピークになると黄体ホルモンが分泌され、排卵します。

心身の変化

肌もきれいになり、体もひきしまり、女性が女性らしい雰囲気を増す時期。

暮らし方のコツ

仕事で初対面の人に会ったり、プレゼンをしたりするのはこの時期が◎。

また、心身ともに生まれ変わるときなので、新しいことにチャレンジするのに最適。デートにも向いています。

3 排卵日～生理前

排卵後の卵胞が、黄体という組織になり、黄体ホルモンが分泌されます。受精卵が着床するときに備えて、子宮内膜がやわらかくなります。

心身の変化

排卵日後は気持ちの変化が大きくなり、眠気が強くなったり、むくみが出たりする時期。また、生理が近づくにつれ、イライラや不安感も増していきます。

暮らし方のコツ

血行が悪くなり、むくみやすい時期なので、ハイヒールや体をしめつける服装は避け、食生活にも配慮を。ちょっとしたことにイラ立ち、神経質になりがちなので、落ちこみが続いても「そういう時期だから」と流して。

食べ方のコツ

イライラを増進させるカフェイン入りのコーヒーや栄養ドリンク、むくみの原因となる塩分や油分が多いジャンクフードや加工食品などを避けて、ミネラル、ビタミン、食物繊維が豊富な食事を心がけて。迷ったときは、黒豆の煮物、ごはんに黒ごまなど色の黒い食材が入ったメニューを選ぶようにします。

DAYTIME

どうやら小腹が減りました

ヘルシーなつまみ食いしよう 間食は「パピプペポ」のリズムで

パクリ!

カットフルーツ弁当

甘いおやつに罪悪感。そんなときは、カットフルーツ弁当がおすすめ。好きなフルーツをひとくち大に切ってつめるだけ。会社の冷蔵庫で冷やしておきます。お昼のお弁当作りは大変でも、フルーツをつめるだけなら簡単。“ちょっとは手間ひまかけた”達成感もあり、満足度アップ。フタを開けたときのビタミンカラーも元気のもとに。

ピリッ!

とむいて、6Pチーズ

酒のつまみ…のイメージですが、カルシウムもたっぷりで糖質も少ないヘルシーなおやつです。モッツァレラやカマンベール入りだったり、デザートタイプの甘めのものだったり、いろんな種類を食べ比べして。

プルルン!

ひとくちサイズのこんにゃくゼリー

食物繊維がたっぷりで、カロリーもひかえめ。ほどよい甘さとひんやりした喉ごしが、疲れた体にやさしいおやつ。

ポリ!

香ばしいナッツ類いろいろ

噛みごたえがあり、数粒でも腹持ちがいいナッツ。そのうえ、噛むときのあごにかかる刺激で眠気覚ましの効果も。とくに、手軽に良質な脂質がとれるくるみがおすすめ。

ペリ!

甘酸っぱさがたまらない都こんぶ

1枚1枚、そ～っとはがして、ペロリ。酸味と甘味で疲労回復効果もアリ。昆布には食物繊維も豊富なので、便秘解消にも一役買うかも。

ジャンキーおやつが食べたいときは、ヘルシーおやつで少し小腹を満たしてから、コンビニへ。欲望の暴走に歯止めがかけられるよ。たぶん…

ポリポリ!

やみつきになるお漬け物

コンビニで売っている食べきりサイズの小さなお漬け物に注目! ほどよい塩分は、疲労回復にも効果的。また、大根や白菜のお漬け物は食物酵素も充分で、おなかの調子も整えてくれます。忙しい仕事の合間に野菜不足も解消!

DAYTIME

今日もコンビニ。味気ないなあ

会社のコンビニ夕食で ほっと満足できるコツ

① 味噌汁やスープで おなかの底からほっこり

1日の疲れが出てくる夜は、おなかの底からじんわり温まる汁物がおすすめ。食べすぎて、胃がもたれるのも防げます。

ほっこり♡
スープ系
おふくろの味
スープ
味噌汁

疲れをとるガッツリ☆系
ロースハム
冷奴
セット
冷奴
枝豆

② 疲れをとる食材をチョイス

ビタミンB1は糖質の代謝を促す働きがあり、ビタミンB2は脂質の代謝を促進、疲労回復に役立つ栄養素です。B1を多く含むのは、豚肉、ハム、大豆など。B2は、レバー、うなぎ、納豆、牛乳やヨーグルトなどの乳製品、玄米に多く含まれています。うなぎはB1、B2ともに豊富なので、たまにはうなぎのかば焼き缶もいいかも。

③ しっかり主食で エネルギーをチャージ

パスタやパンなどの小麦食品は体を冷やすので、できるだけごはんを選んだほうが体を冷やさず、腹持ちも◎。シンプルな白米には、ごま、かつおぶしひとふりで風味&カルシウムアップ。

④ 仕事の手を休めて 食事に向き合う

忙しいからコンビニごはんになっているのはわかるけれど、食べる時間はきっと10分もないはず。その間くらい、しっかり食べ物を味わって感謝して。「おいしい」と思うことが満足感を誘うのです。

僕は自分用のチューブ入り生姜を携帯しているよ。食後の紅茶を手軽にジンジャーティーにできるんだ。体を温めれば血液の循環もよくなって気持ちいいからさ

⑤ 薬味やスパイスで 香りたっぷりに

生姜、ニンニク、大根おろし、ネギ、ミョウガ、シソ、ワサビなどの薬味をたっぷりとって、香りを楽しみましょう。たとえば、サラダのドレッシングにシソや生姜入りのものを選ぶだけでもOK。一味じゃなくて七味唐辛子なら、体を温める陳皮や山椒が入っているのでおすすめ。

DAYTIME

メイクくずれがひどい！

顔から気分をひきしめる 夕方からのメイク直しテク

くずれやすい2エリアはココ！

乾燥によるメイクくずれエリア

乾燥によるファンデーションくずれが
目立つのはこのあたり。

皮脂によるメイクくずれエリア

Tゾーンや小鼻の脇など。

「Tゾーン」は 皮脂とファンデを指でなじませる

Tゾーンを直すだけでも、きれいな印象に様変わり。指先で皮脂とファンデをなじませていきます。皮脂はメイクくずれの原因ですが、肌を潤すために欠かせない成分でもあります。

乾きがちな「頬」には クリームチークを3点のせ

頬にはファンデーションの塗り直しは不要。クリームチークは乾燥しがちな頬に最適です。3点のせしたチークは、指でなじませます。

「唇」は保湿とメイクオフを同時に

綿棒にリップバームをつけて、唇を保湿しながらメイクオフ。口紅のノリや発色も維持できます。

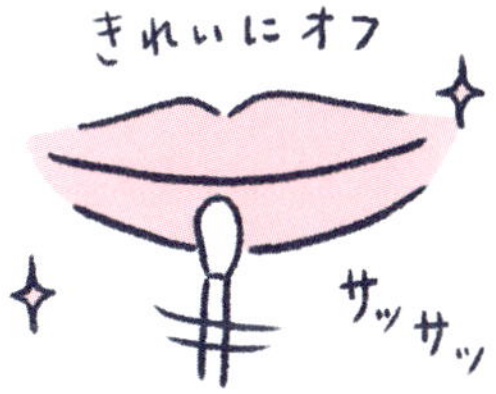

にじんだ「目まわり」は乳液とコンシーラー

アイラインやマスカラのにじみは、綿棒に含ませた乳液でふきとれば、同時に保湿効果も。コンシーラーを使えば、にじみをとりながら、同時にメイク直しもできます。

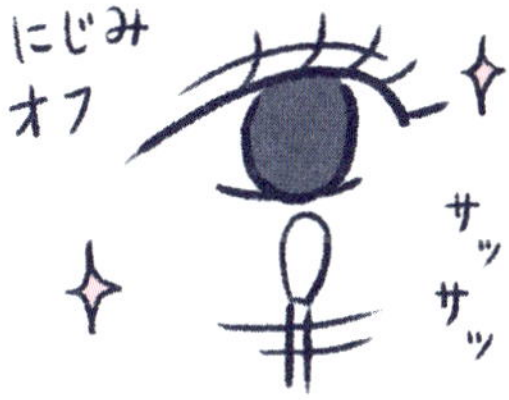

「マスカラ」直しはホットビューラーが便利

ホットビューラーでカールを上向きにしてから、マスカラを塗り直します。ホットビューラーは、マスカラのダマもとってくれるすぐれもの。

「眉毛」の油分もしっかりオフ

皮脂を綿棒でふきとってから描き直すと、ノリがよくなります。

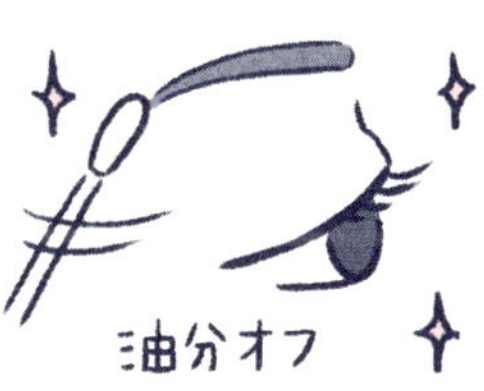

化粧ポーチに常備したいもの

乳液：メイクオフと保湿が同時にできる
ティッシュ：皮脂がほどよくとれる
綿棒：こまかい部分のメイク直しに便利

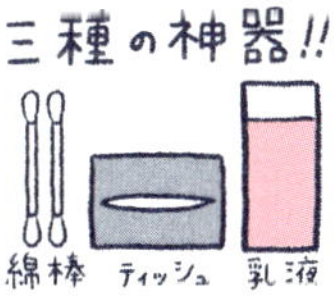

DAYTIME

お酒と上手につきあいたい

楽しく飲んで、すっきり働く 二日酔い予防&対策のコツ

飲みたいけれど明日が怖い…二日酔い予防策

ウコンを飲んでおく

すっかり定着したウコン。アルコールの分解能力にすぐれていて、肝臓の働きを補助するといわれています。ドリンクタイプだと飲むタイミングがない、という場合は、錠剤だと目立たず飲めます。

水もなるべく飲む

アルコールを飲むときは、タイミングを見はからって、いわゆる「チェイサー」を頼みます。3杯目くらいになると、まわりもほろ酔いになってきているので、サラッと頼んで適宜飲みましょう。

グレープフルーツジュースを飲む

グレープフルーツに含まれるクエン酸は、胃液や唾液の分泌を促進してくれます。また、フルクトースという果糖や豊富なビタミンCが、二日酔いの原因のアセトアルデヒドの分解を助けるといわれています。

あちゃー… 気分悪い 二日酔いになってしまったら

水分をたっぷりとる

こまめな水分補給は、アルコール分解に欠かせません。水、炭酸水、ジュース、ミネラルやカリウムが豊富なココナツウォーター、コーヒーなどのほか、スープや汁物でもOK。口にしやすいものを、どんどんとるようにします。

おすすめの飲み物 & 食べ物

たっぷりミルクのコーヒー

コーヒーのカフェインは、アセトアルデヒドを排出する働きがあります。でも、飲みすぎた翌日は胃腸が弱っているので、すきっ腹にブラックコーヒーはNG。牛乳や豆乳を入れて飲みやすくしたり、砂糖を入れたりして、刺激を和らげて。

はちみつウォーター

コップ1杯の水にはちみつ1さじ。はちみつの果糖は、アルコールの分解を促進する効果があるのだとか。炭酸水にはちみつとスライスレモンを入れれば、爽快感アップ。

スライストマトの生姜はちみつドレッシングがけ

スライストマトに、「おろし生姜+しょうゆ+はちみつ+サラダ油」を混ぜたドレッシングをかけて。さっぱりしていくらでも食べられます。アルコール分解で失われるビタミンやミネラルを、たっぷりトマトでしっかり補給。

お酒臭さを残さないコツ

シャワー&朝風呂で、アルコール臭を洗い流す

お酒が残っていると、汗からも臭いが出てきてしまいます。疲れてそのまま眠っちゃった翌朝は、出勤前に必ずシャワーを浴びましょう。体が温まって汗がよく出れば、アルコールも抜けやすくなります。

歯磨きは、いつもより長く

飲んだ日は脱水症状になりやすいうえに、口の中も乾きがちです。そうすると口臭がきつくなります。飲んだ翌朝は、いつもよりていねいに歯磨きを心がけて。

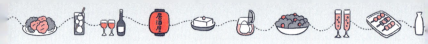

飲み会幹事は絶好のチャンス

「幹事なんてめんどくさい…」と肩を落としているなら、それはもったいない！
幹事というミッションは、自分を磨く絶好のチャンスです。
幹事をすることで、この4つのスキルがバージョンアップ！

1 「情報収集力（＝店選び）」
2 「企画力（＝会を盛り上げる工夫いろいろ）」
3 「段取り力（＝当日の進行、店との連絡、会費の徴収）」
4 「おもてなし力（＝参加者全員が楽しめる気配り）」

おいしい食事とお酒を味わいながら、みんなにも感謝され、
仕事のいろんな面で成長できるなんて、一石何鳥！？

それでもめんどくさかったら…

幹事に前向きに取り組める、3つのメリット

1：自分がトータルプロデューサーになれる

最初から最後まで「場」「人」「時」を動かせる、またとないチャンスと心得る。

2：全参加者に、自分のことを知ってもらえる

ふだんあまり話したことがない人と、言葉を交す絶好のチャンス。風通しのよい人間関係は、仕事に欠かせないものと心得る。

3：なじみの店を作るきっかけになる

接待、ちょっとした仕事の打ち合わせなどで、気心知れた店をすぐに提案できれば信頼度急上昇。飲食店に精通していることは、仕事でもプラスになると心得る。

店の選定＆店への事前確認で大事なこと

☑ 宴会の主役は誰か？

主賓に満足してもらうのが一番大事。好みやリクエストはそれとなくチェック。

☑ 宴会のテーマは何？

ただの「飲み会」「歓送迎会」じゃ、つまらない。ここは幹事の企画力の見せどころです。「新入社員歓迎会」→若さに期待をこめて「我が社へようこそ！平成ヒトケタ生まれを歓迎する会」、「部署内の飲み会」→ノルマ達成に一丸となる気持ちをこめて「仁義なき“たた会”目標達成篇」など、ひとひねりで参加者の関心も高まり、盛り上がります。

☑ 店までのアクセスは？

会社から離れすぎてないか？　駅から遠すぎないか？　など、行くまでの負担を軽くする気配りを。

☑ 会場の座席は？

座敷？　テーブル？　掘りごたつ？　参加者に足が悪い人や、長時間座るのが苦手な人がいないかなどの配慮を忘れずに。

☑ 席が離れすぎていないか？

席と席が離れすぎていると、一席でかたまってしまう場合も。風通しよく交流できるようなスペースがあるか確認を。

☑ 喫煙か禁煙か？

基本禁煙ベースでよいと思いますが、喫煙者にとって全席禁煙はきつい場合もあります。タバコの吸える場所をあらかじめ確認してアナウンスを。

☑ 料理や飲み物はリクエストできるか？

料理と飲み物は場を盛り上げるのに欠かせません。お店任せにせず、主賓や参加者の好みや予算に合わせた注文ができるか、店に確認を。

☑ 荷物置き場は充分にあるか？

参加者が多い場合や、コート類がかさばる季節は荷物置き場に困ることもあるので、クロークなどがあるかチェックを。

大事な会は「下見飲み」
しておくと当日安心！

告知～参加費徴収まで、幹事の段取り5ステップ

段取り1　必ず出席してほしい人に日程を聞く

まずは、主賓や上司などの外せない参加者を最優先して日程を調整。そのほかの参加者には、ある程度日が決まってからお知らせします。

段取り2　店を決める

店の選定に関しては、P181を参照。

段取り3　参加者の出欠をとる

直前になって人数が増えること、ドタキャンが出ることも想定して、その場合の条件を店に確認しておきます。

段取り4　参加者に、会の詳細をお知らせ

会の名目、日時、会場＆アクセス、主な料理の内容、会費、会費の徴収日時などをお知らせします。参加費は、当日になって増えることも想定して、少し高めに設定し、その旨も詳細に記しておきます。当日の会計の際に再徴収するのは、めんどくさいうえにトラブルのもとです。余った場合は後日返却を。

「**我が社へようこそ！**
平成ヒトケタ生まれを歓迎する会」

日時：4月30日（金）
午後7～9時まで（約2時間を予定）

会場：にくにく酒場

住所：●×△●×△

アクセス：下記のURLをご覧ください。
www.nikuniku…

料理の内容：焼き肉食べ放題＆飲み放題

会費：1人4000円。当日増えることも想定し、500円多めに設定しています。余った分は後日返却いたします。

会費の徴収日時：4月30日（金）の午後6時頃、参加者全員に直接徴収に参ります。おつりのないようご用意いただけると大変助かります。また、外出予定があり当日直接会場に向かう方は、29（木）までに幹事に参加費をお渡しくださるようお願いいたします。

段取り5　参加費を集める

会の詳細通りに参加費を集めます。事前に参加者リストを作成して、集金したらチェックしていきます。集めるタイミングは、当日会場に行く直前がおすすめ。あまり早すぎるとお金を保管するのがプレッシャーになります。

飲む人、飲まない人、それぞれが心地いい宴席でのひとこと

飲めないのにお酒をすすめられたら…

下戸ですけど、お酒の席は楽しいから大好きなんです

自分の限界をよく知っているんで…

飲めなくてもその場を楽しもうという気持ちが伝わることが大事です。ドリンクメニューから会話を広げることもできます。また、深刻になりすぎずに、過去の経験から「許容量」を学んだことを伝えるのも説得力があります。

飲める人が、飲めない人に配慮するなら…

このコーナー、ノンアルコールですよ

私、お水もらいますけど、いります？

お酒を強要しないムード作りが大切。ノンアルコールのメニューを見せるなどすると、相手も注文しやすくなります。また飲み会の中盤、弱めのお酒で酔ってきた人がいたら「自分のついで」という感じでお水をもらってあげると◎。

美しいお酌の受け方

添えたいひとこと：「いただきます」「ありがとうございます」

ビールグラス：両方の手で持って受けます。注ぎやすさに配慮して、気持ち傾けて。

お猪口：指をきちんとそろえて、両方の手で持って受けます。お酒があふれないようまっすぐに持つのがポイントです。

ワイングラス：手は添えず、置かれたままにしておきます。相手に失礼かな、と気になるときは、グラスの台に軽く指を添えます。

美しいお酌のしかた

添えたいひとこと：「いかがですか？」「お注ぎしてもよろしいですか？」

ビール：右手をビール瓶のラベルの下に、左手を注ぎ口のあたりに添えます。

日本酒：徳利の中央を利き手で持ち、もう片方の手を底に添えます。

幹事の役割と席次のマナー

すみませーん

幹事は、注文をしたり、お皿を下げたりするなどの雑用をしやすいよう、出入り口に一番近いところ（下座／末席）に座ります。

食べ物や飲み物が行き届いているか、場になじめていない人がいないかなど、幹事は場全体を見回して、いろんなところに気配りしてね。けっこう忙しいよ

部屋のタイプ別、席次の基本

出入り口から一番離れたところが「上座（図の①）」です。上座にはお客様が、下座には迎える側が座ります。迷ったときは、とりあえず出入り口に近いところに座ります。

和室　床の間があれば、床の間の前が上座。
床の間がない場合は、出入り口から一番遠い席が上座。

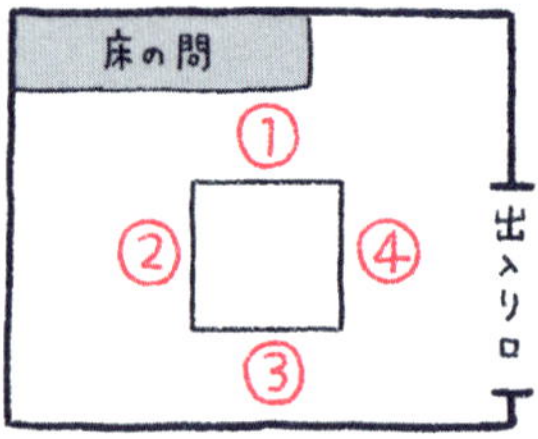
床の間
①
②
④
③
出入り口

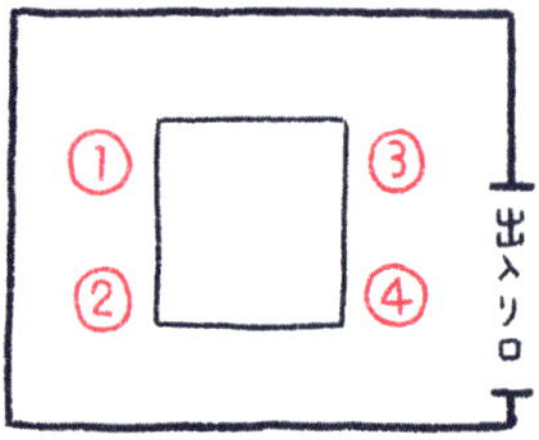
①
③
②
④
出入り口

洋室　出入り口から一番遠い席が上座

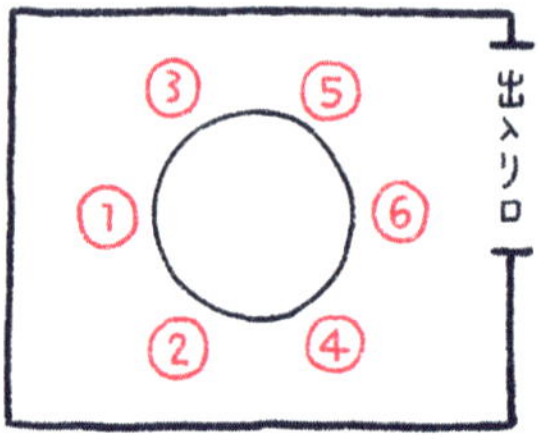
③
⑤
①
⑥
②
④
出入り口

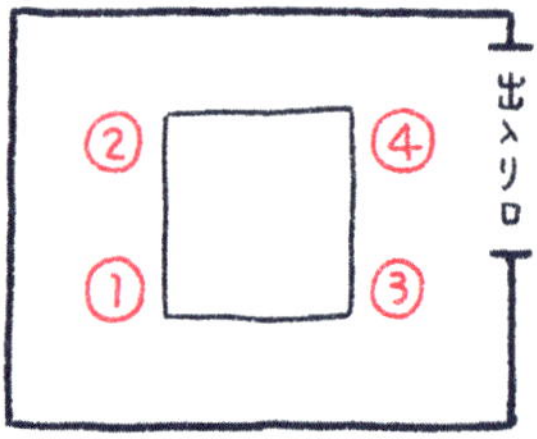
②
④
①
③
出入り口

飲み会の主役へ、気の利いた贈り物

花を贈る

好みを事前にリサーチ。好きな色、お気に入りの花などで花束を。主役の人柄に合わせた花言葉、また、主役への想いを花言葉に託して、花を選ぶのも気が利いています。花の選定以上に大事なのが、「誰が渡すか」です。たとえば、ずっといいコンビで働いてきた同僚、叱られながらも仕事を頑張ってきた部下などが渡し役となり、あいさつもしてもらうと、ぐっとこみ上げてくるものがあり、会の主旨にふさわしい締めくくりになります。

「感謝」の気持ちを伝える花
カンパニュラ、バニーテール

今後の活躍を「希望」し、「門出」をお祝いする花
トルコギキョウ、スイートピー

「人柄」を表す花言葉、いろいろ
信頼：マーガレット
優雅：ダリア
しとやかなかわいらしさ：ヒヤシンス
やさしい心：ハナショウブ、ロウバイ
上品：バラ、ヤグルマギク
大胆：なでしこ
思いやり：ポピー、チューリップ

参加者ひとりずつ小さなプレゼントを用意

「みんなからお金を集めて、高価なものを1つだけ」というのもいいですが、あえて、「ひとり500円以内」と決めて、参加者全員に主役へのプレゼントを用意してもらう企画もアリ。ひとことあいさつしてもらいながらプレゼントを渡し、その場で開封！　誰がどんな想いをこめたのか、楽しい締めくくりに！

オリジナルケーキを贈る

本人の似顔絵やメッセージ入りの特注ケーキを用意しておくと、最後に盛り上がります。ケーキの持ちこみ可かどうかは、店に事前確認を。

参加者のメッセージを寄せ書きしたカードも添えたいね。取引先で親しかった方などがいれば、メッセージとかもらえると喜んじゃうね。うにうに

突然、通夜・葬儀に参列することになったら

突然の訃報

訃報を聞いたらすぐにかけつけます。突然のできごとで職場から行くときは、地味な服装であれば問題ありません。危篤の連絡に遠方からかけつける場合は、万が一に備え、目立たないように喪服も持参します。

一般的な弔問の服装・持ち物

●服装
- 黒無地のフォーマルウェア。
- 靴は黒のパンプス。ストッキングは黒か肌色。
- 靴やかばんは、光沢のない素材。
- アクセサリーをつけるなら、真珠、黒真珠、黒曜石のものを。「不幸が重なる」のを避ける意味で、ネックレスは一連、イヤリングは一粒のものを選びます。
- ノーメイクは失礼になるので薄化粧程度にします。頬紅、口紅をつけない「片化粧」が、喪服の化粧の基本です。

●持ち物
- 香典を包むための、不祝儀用のふくさ（紫、グレーなど）
- あれば数珠

香典

通常、香典の金額は、仕事関係者なら5千～1万円が目安になります。ただし、故人とのおつきあいの深さ、地域の慣習により金額はさまざまです。同じ職場から数人で参列する場合は、ほかの参列者とも相談しましょう。通夜と葬儀、両方に参列する場合は、お通夜のときに渡します。

表書き

「御霊前」なら宗教を問いません。

・宗教に応じた表書き

仏式	御香料、御供物料など
神式	玉串料、御榊料など
キリスト教式	御花料

名前は、表書きよりもやや小さめに、薄墨で書きます。薄墨には「悲しみの涙で字もにじんでいます。突然のことに、墨もよくすりきれないうちに書いて参りました」という意味があります。

受付

香典を渡しながら「このたびは御愁傷様でございます」「心からお悔やみ申し上げます」などのお悔やみの言葉を述べます。

焼香の作法

1：遺族などに深めに一礼する。

2：遺影に向かって深く一礼する。

3：祭壇前に進み出て合掌する。親指、人差し指、中指の3本指で抹香をつまみ、目の高さに捧げ、香炉にくべる。

4：遺影にもう一度合掌する。少し下がって遺影に深く一礼する。遺族などにも深く一礼する。

焼香の回数はさまざまだから、宗派や遺族に合わせてね。亡くなった方のために心をこめて祈ることから、焼香1回が正しいって話もあるけど、回数にこだわるよりも、心をこめて祈ることが大事だよ

病気やけがのお見舞い

タイミング

まずは、相手の容態を確認してから決めます。面会可能であれば、面会時間内に行きます。お見舞いをすることに意味があるので長居は禁物。長くて20分くらいを目安にします。

差し入れの花

気分が明るくなるような色合いの花が好まれます。ほかの入院患者にも配慮して、香りの強い百合などの花は避けましょう。また、「死」「苦」を連想させるシクラメン、花が首ごと落ちて縁起が悪いとされるツバキ、寝つくことを連想させる鉢植えもNGです。

服装

黒っぽい服装は弔辞を連想させるため避けます。アクセサリーはひかえめに。香水もつけないように。病院の廊下は足音が響くこともあるので、静かに歩ける靴を選びます。

会話で気をつけたいこと

病気やけがで一番疲れているのは本人です。無理に励ましの言葉を言う必要はありません。病状についても立ち入らないようにします。会社の話などは、本人を焦らせないような日常の笑えるエピソードなどにとどめて。「○△さんが寂しがってますよ」「こういうとき××さんがいたらなあって思います」と、必要とされている存在だということを伝えます。

お見舞いの代わりにできること

いつもの日常をありのまま手紙で伝えるのも、お見舞いになります。何気ないふだんの話は、入院している人にとって、心が安らぎます。

出産のお見舞いや贈り物

お見舞いのタイミング

出産直後は心身ともに疲れていることもあるので、産後、数日以上経ってからにします。病気、けがのお見舞い同様、事前に母子の様子を確認するようにしましょう。

通常、産後の入院期間は1週間前後とかなり短いです。入院中は、授乳や沐浴指導があったり、双方の両親がたずねてきたりして、お母さんも何かと忙しいもの。あえて、お見舞いは遠慮するというのも相手への気遣いです。

また、少しでも体調が悪い場合は、感染症予防への配慮から、お見舞いはひかえます。

お祝いの品

お祝いの品がかぶることもあるので、出産後少し落ち着いてから、何がほしいかたずねてみてもよいでしょう。お子さんの性別、お名前を確認して、ふさわしいものを選ぶのも気が利いています。

出産祝いの数々

即使える! 消耗品

新生児のお世話で忙しいお母さんにとって、ちょっとした買い物もひと苦労。紙おむつ、おしりふきなど「今から早速使えるもの」は、とても実用的です。おむつの場合は、すぐ使えるように、サイズに注意。

お母さんが喜ぶ消耗品

すきま時間に使えるフェイスパック、いい香りのボディローションやハンドクリーム、そば茶・ルイボスティー・たんぽぽコーヒーといったカフェインレスのお茶など、お母さんがほっとひといきつけるアイテムも喜ばれます。

生後半年〜1年くらいで着られる子供服

新生児の成長はあっというまなので、服を贈るときは少し大きめのものを選ぶのがベター。お母さんは、実用性と値頃感重視で服を選びがちなので、「ほしいけど、自分ではなかなか買わない、ちょっと高価なもの」は、意外と喜ばれます。

現金や商品券

もらった側が好きなものを必要なときに買えるので、はずれがありません。相場は5千〜1万円が目安です。

・表書き
「御祝」「祝御出産」「御出産御祝」など。毛筆、筆ペン、またはサインペンで、濃く大きく書きます。

・水引
紅白蝶結び(花結び)。何度でも結び直せるため、「何回あっても喜ばしい」という意味があります。

・贈り主の書き方
職場で連名にする場合は、中央に「販売部一同」とし、その右側に会社名を。上下関係のない友人同士なら、中央にバランスよく書きます。

人間関係に影響しがちな「職場の火種」への対処法

うわさ話への対処法

聞きたくもない社内のうわさ話を、一方的に聞かされたら、「そうなの」「へぇ」「初めて聞いた」というように、イエスでもノーでもない答え方に終始するのがベスト。「うんうん、わかる」「そう思う」などと、その場しのぎで同調すると、後々「そのうわさを広めた一味」にされかねません。

誰も手をつけない面倒への対処法

ゴミがたまっているけど誰も捨てない、ティッシュが切れたのに誰も補充しないといったちょっとした面倒も、積み重なると「いつもなんで私が!?」とイライラのもとに。必要なことをリストアップして上司に相談する、「当番制にしましょう」と申し出るなど、我慢せず一度共有してみましょう。

紛失物への対処法

職場での貴重品や財布の紛失は、トラブルになりかねません。まずは、なくさないように所持品の管理をきちんとすることが大事です。万が一、盗難…? ということがあったら、まずは上司などに相談しましょう。自分ひとりの憶測だけで、誰かに疑いをかけるような言動は、自分の身を滅ぼすので口チャック。

セクハラへの対処法

「そろそろ結婚?」「恋人はいないの?」「もうすぐ30歳だっけ?」など、プライベート、異性関係、年齢に関する答えたくない質問は、相手にしないのが一番です。とはいえ、社内の人間関係にも配慮したい…そんなときは、こんな言い方で乗りきってしまいましょう。

不愉快であることをはっきり伝える

「すみません。そういうこと言われるととてもショックなので」
「すみませんが、そういう質問には答えたくないので」

➡ストレートに、イヤな気持ち、傷ついている気持ちをぴしゃりと伝えるのも、相手を黙らせるテクニック。

冗談を交えて言い返す

「○△さん、そういうの"セクハラ"って言うんですよ!　訴えますよ!」

➡気の置けない同僚なら、冗談で返して丸く収めるのもアリ。

ごまかして話題を変える

「うーん…それはそうと、あの案件、どうなりました?」
「そうですねぇ…そういえば、打ち合わせで気になったことがあって…」

➡直近の仕事の話に切り替えれば、自然な話題転換に。

その場から逃げる

「あ、ちょっと呼ばれてるんで、失礼します」
「すみません、今、急ぎで電話かけないといけないんで…」

➡さっとその場を立ち去れば、会話も一時終了。

押し黙る

「………」

➡無言の抵抗に、相手も「言いすぎた…」と察しがつくはず。

「どうしよう!」「しまった!」の対処法

! 話題についていけない…

打ち合わせや商談の最中に、自分が知らないことに話題が及ぶこともあります。「知らない」と言うのは恥ずかしいし勇気もいりますが、素直に「不勉強なので知らないのですが、教えてもらえますか?」と言えば、相手も好感を持ってくれます。

! 自分のミスを、報告しなければ…

怒られたくない、自分の評価を下げたくない、自分でどうにかできないか…など、瞬時にいろんなことが頭を巡るはず。でも、仕事上では「いかに、被害や損害を最小限にとどめるか」が一番大事です。そのためには、条件反射か!? というくらいすばやく、直属の上司や、しかるべき対処ができる人に報告します。

! 指示された内容を思い出せない…

かろうじて覚えている内容を書き出し、「わからないところ」のみを整理して聞き直しましょう。

覚えられない、聞いただけじゃ忘れる…と不安を感じたら、めんどくさくても時間がかかっても、その場でしっかりメモをとる習慣をつけるのが大事です。もう一度同じことを聞くより、そのほうがはるかに◎。指示を受けるときは「もう、二度と聞けない」という緊張感を持って。

あいさつしたら、名刺がなかった…

初対面の相手を訪問する際、名刺がないのは、大変失礼になります。間違っても「名刺を忘れてしまいました」と言わないように。「申し訳ありません。今、名刺を切らしておりまして…」と謝り、口頭で会社名と名前を伝えます。後日、詫び状を添えて、名刺を郵送します。

外出途中で、名刺を忘れたことに気がついたら、駅の構内や街中にある名刺印刷サービスを利用しましょう。だいたい1時間前後で、即席の名刺が作れます。正式な名刺でなくても、ないよりははるかに好印象です。

相手の名前が思い出せない…

仕事上、相手の名前を忘れるのは、失礼です。どうしても思い出せないときは、「すみません、以前お会いしたときから時間も経っておりますし、もう一度名刺交換させていただけますか?」と、その場で名前を再確認。うまくごまかせない場合は、「申し訳ございません。もう一度お名前をお伺いしてもよろしいでしょうか?　記憶力が悪くて…お恥ずかしいです」と、潔く言います。

名前を覚えるコツ

「どうせ覚えられないから」と開き直ってしまうこともありますが、名前と顔を覚えるのも大事な仕事。名刺交換したその日のうちに、名刺のはじっこや裏に、相手の特徴、話した内容をメモ。再会したときの会話の「ヒント」にもなります。たくさんの人と名刺交換したときは、その日いただいた名刺を1枚にまとめてコピーして「○△のパーティにて」などとひとくくりにしておくと、記憶に定着しやすくなります。

DAYTIME

少しだけひとりになりたい

公共の場を自分流に使いこなす

第５幕

「ただいま」は明日のはじまり！

～前日夜からできるお仕事のコツ～

NIGHT

疲れをとりたいなあ

一番リラックスできる場所

元気復活！ゆったり入浴プログラム

① 水分補給で、循環復活

お風呂に入る前に、コップ1杯の水をゴクリ。冷水ではなく、なるべく常温がおすすめ。体が温まることで、体液の循環がよくなって「よみがえってる」実感が持てます。

② 顔エステで、潤い復活

お風呂用のシートマスクを顔にぺたり。また、保湿クリームをぜいたくに塗って入浴するのもおすすめ。ふだん保湿をケチっている人ほど、ぷるんぷるんの肌に感動します。

③ 入浴剤で、ワクワク復活

お風呂がめんどくさいタイプの人ほど、いろんな入浴剤をそろえて、日替わり温泉にしてみて。炭酸ガスが出るものや、デトックスものなど、香りもタイプもさまざまで、選ぶのが楽しくなるような入浴剤がたくさんあります。

④ 反復入浴で、代謝を復活

「5分湯船→2～3分出て髪を洗う→また5分湯船→体を洗う」というように、出たり入ったりをくり返すと代謝がアップ。疲労回復やダイエット効果も期待できます。

長風呂の友!

お風呂で雑誌

水に濡れても平気な雑誌を買って帰れば、お風呂タイムが楽しみに。

香りでうっとり

ラベンダーやローマンカモミールなどのエッセンシャルオイルを数滴たらすと、疲労回復やリラックス効果が高まります。

映画鑑賞

スマホの防水カバーがあれば、映画だって見られちゃう。1時間はお風呂で、残りの1時間はお風呂あがりにゆっくりと。

⑤ 体のすっきり感、復活

しっかり湯船につかれば、水の抵抗で運動量が高まり、体のモヤモヤもどこへやら。

★肩ラクチン!

腕上げストレッチ。両手を上げ、片方の手で片方の肘を内側に引き寄せます。これを交互に。肩や首のこりがほぐれます。

★むくみ知らず!

筋肉をほぐすように、足首からふくらはぎをモミモミ。また、片足を立てて4本指で膝裏をギュッと押すと、リンパの流れがよくなります。

★ウェストをキュッ!

両手をおしりの脇につき、おしりを浮かせたまま左右にひねります。

⑥闇風呂で、五感復活

お風呂の電気を消して湯船につかる「闇風呂」を試してみては? お湯のなめらかさ、湯気の蒸気、遠くに聞こえる窓の外のさまざまな音…ただ暗いというだけで五感が研ぎすまされ、ふだん気づかないいろんな感覚がよみがえります。体の輪郭が消えていくような不思議な感覚を体感してみて。

※エッセンシャルオイルは高度に濃縮された液体です。間違った使い方をすると危険な場合もあるので、各製品の注意事項に充分注意してください

NIGHT

今夜も深夜ごはんかぁ

何となく食べたらもったいない！
ストレス発散にもなる手料理のコツ

無心
トントン
トントン

切る！

大根、にんじん、レタスなど、サラダにして食べたい野菜をとにかくせん切り。めんどくさい…、と思うかもしれませんが、単純作業に集中することで、まるで写経のような達成感が得られます。

課長の
バカヤロー
ゴシー
ゴン

砕く！

ジップロックに好みのナッツを入れて、袋の上からすりこぎ棒でごんごんつぶします。イヤなこと全部「破壊」している気持ちで実践してみて。温かいごはんにかけたり、炒め物に散らしたり。甘い香ばしさが、食欲をそそります。

ふふふ…
ぎゅー

絞る！

お肉や魚、サラダなどに、レモンやすだちを思いきりギューッと絞って。柑橘類の皮には、リモネンという香り成分が含まれていて、ストレスを取り除くアロマ効果があるといわれています。買ってきたお惣菜でも、フレッシュ感があって美味に！

夜メシがラクチンになる、3つの「ない」

1 我慢しない —— 食べたいものを食べればいい!

夜だからカロリーひかえめに…、甘い物も我慢して…。それでストレスがたまるくらいなら、しっかり食べてしまってOK。1日の最後の至福の時を楽しんで、帳尻は明日のお昼ごはんをサラダにして、合わせてしまえばいいんです。

2 増やさない —— 洗いものは減らすに限る!

野菜やチーズは、包丁を使わず、手でちぎる。肉やベーコンなど、べとつくものを切るときは、まな板の上にキッチンペーパーを敷いて。切り終わったらそのままゴミ箱へ。カフェのように、ワンプレートに盛りつければ、洗いものは最小限に。

3 頑張らない —— 「手抜き」は悪くない!

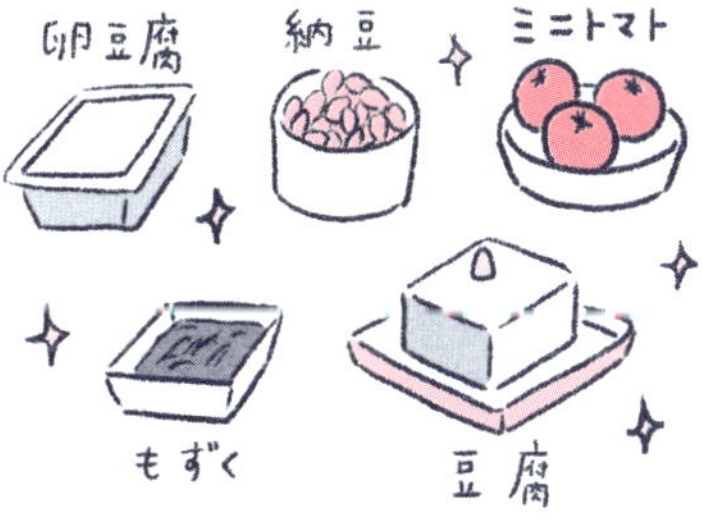

たとえば、ミニトマト、豆腐、納豆、もずく、卵豆腐など、調理工程がほとんどいらない素材を覚えてしまえば、帰宅1分で食事できます。温かいものが食べたいときは、ちぎったキャベツと豚肉と鶏ガラスープを鍋に入れて煮るだけで、うまみたっぷりお鍋ができあがり。包丁を使わなくても、コンビニよりおいしい料理を作る方法はあります。

NIGHT

会社、辞めたいな

今の仕事に「迷い」が生じたときの冷静な分析法

STEP1

今の仕事の「見直しメモ」を作ってみよう

まずは今の仕事のいいところ、イヤなところを挙げてみて。

今の仕事(会社)のいいところ
1、部署内の人間関係はアットホーム
2、フレックスなので通勤がラク
3、直属の上司と話がしやすい

今の仕事(会社)のイヤなところ
1、仕事量が多い
2、なんでもさせられる
3、経理に苦手な人がいる
4、新しい企画が通しにくい
5、残業代がない
6、営業部長とそりが合わない
7、ノルマがきつい
8、住宅手当がない

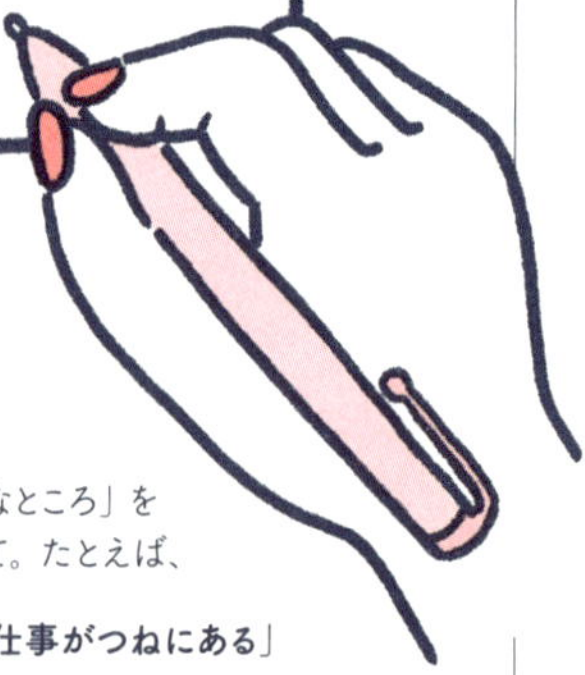

見てほしいポイント!

短所は長所でもあります。「イヤなところ」を「いいところ」に言い換えてみて。たとえば、

「仕事量が多い」➡「やるべき仕事がつねにある」
「なんでもさせられる」➡「いろんな経験ができる」
「新しい企画が通しにくい」➡「従来の企画の範囲なら通しやすい」
「ノルマがきつい」➡「それだけ期待されている」

…ちょっと受け止め方が変わりませんか?

STEP2

「イヤなところ」を、4つのグループに分ける

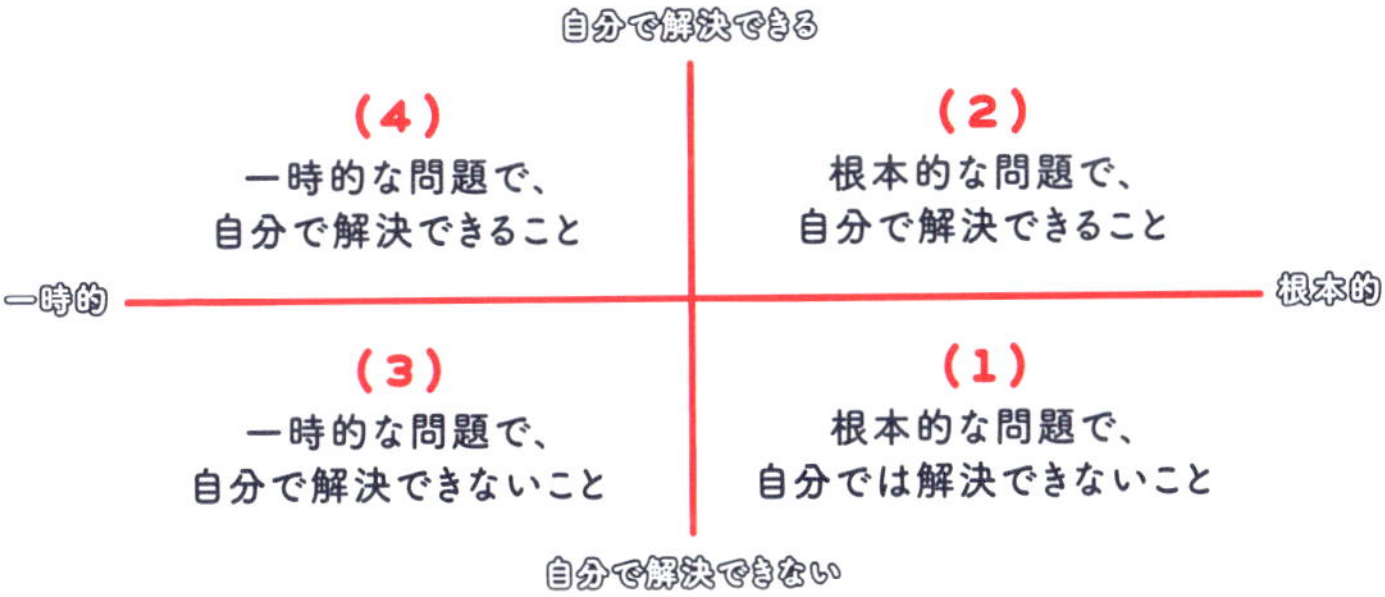
自分で解決できる
(4)
一時的な問題で、
自分で解決できること
(2)
根本的な問題で、
自分で解決できること
一時的
根本的
(3)
一時的な問題で、
自分で解決できないこと
(1)
根本的な問題で、
自分では解決できないこと
自分で解決できない

STEP3 最終分析

(1)の場合:転職を考える余地あり

➡ 自分で解決できないうえに、根本的に問題があるなら、別の職場に移ることを考えてもいいかも。右ページの「5. 残業代がない」「8. 住宅手当がない」などがこれにあたります。

(2)(4)の場合:自分で解決できることなら、解決方法を考えてみる

➡ 自分ひとりで対処するのが難しくても、上司や同僚に相談する、やり方を変えてみるなど、何かできることはあると考えて。右ページの「1. 仕事量が多い」「2. なんでもさせられる」「4. 新しい企画が通しにくい」「7. ノルマがきつい」などがこれにあたります。

(3)の場合:自分で解決できないことでも、一時的なものならしばらく様子を見る

➡ 時間経過、人事異動、部署異動など、状況が変われば問題解決となる可能性が高いのです。右ページの「3. 経理に苦手な人がいる」、「6. 営業部長とそりが合わない」などがこれにあたります。

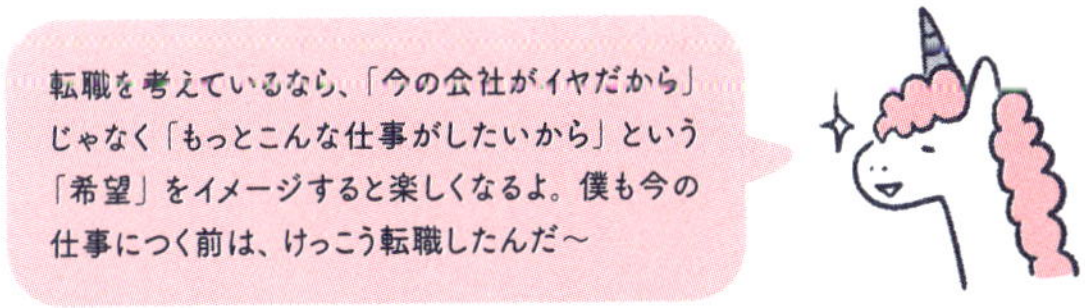
転職を考えているなら、「今の会社がイヤだから」じゃなく「もっとこんな仕事がしたいから」という「希望」をイメージすると楽しくなるよ。僕も今の仕事につく前は、けっこう転職したんだ～

NIGHT

なんか、仕事がおもしろくないなあ

「仕事の手ごたえ」を見出す 5つの問いかけ

今日、何か妥協した？

仕事の手ごたえは、仕事にかける熱心さに比例するもの。心のどこかで「この程度でいいや」と、手を抜いているところはないか思い直してみて。そこを追求することで、見えてくる世界が変わるはず。

「やらされている」って思ってない？

やりたくない仕事を無理やりやらされていると思うと、辛くなります。でも、その仕事を選んだのは、きっと何か自分が「イヤじゃない」理由があるから。その仕事をやりとげることで何がいいのか考えてみて、納得できなければ、やりたいことを上司に直訴してみては。

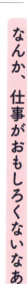

おもしろそうに仕事している人は、どうしてる？

職場に「あの人、いつも楽しそう」「イキイキ仕事してる」と感じる人はいませんか？　そういう人の振る舞いを見て、徹底的に真似てみたり、何が楽しいのか素直に聞いてみるのも一案。同じ仕事がどうしてこんなにも違うのか、意外な発見があるかも。

実はすごく前向きじゃない？

「仕事がおもしろくない」と思うのは、「もっとおもしろくできるはずなのに」という成長へのジレンマがあるからこそ。不平不満を言っている自分がイヤかもしれないけれど、実は仕事に前向きだからこそ、そんなモヤモヤを抱えているだけなんです。とてもいいこと。

そもそもその仕事、本当につまらない？

じつは「仕事の95パーセントはルーティンワーク（＝誰がやっても同じ仕事）」ともいわれています。誰がやっても同じ仕事を、自分なりにどう楽しむか。それができる人だけが、仕事の神髄にたどりつけるのだとしたら…目の前の仕事をおもしろくしない手はないはず。

仕事の三要素の図

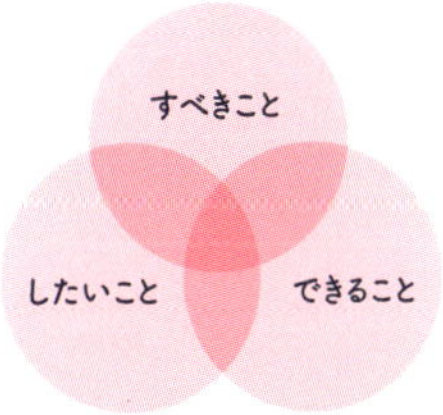

仕事には「したいこと」「できること」「すべきこと」の三要素があるのだそう。この三要素がきれいに重なると、幸福な仕事ができているってことかな。うにうに

NIGHT

今日のイヤなことが頭を離れない

ネガティブな感情を シャットアウトするコツ

寄り道で上書きしてshut out!

イヤな気分は家に持ち帰らない！ 外食する、カフェで終電ギリギリまでまったりする、銭湯でひと風呂浴びるなど、「いい気分」で上書きを。

4つの香りでshut out!

イヤな思い出が頭を離れず、気分がふさぎがちなときは「ゼラニウム」。心配事で気分が落ちこみ、イライラしているときには「ネロリ」。孤独感や悲しみでいっぱいのとき、支えになるのが「マジョラム」。緊張や怒りなどのネガティブな感情を和らげる「カモミール」。香りの力に頼りましょう。

あえて向き合う深呼吸でshut out!

居心地のいい場所に座り、目をつむって、ゆっくりと深呼吸します。空気が鼻、喉を通っていく感触、胸やおなかの動きをじっくり感じ、2〜4呼吸続けてみます。くり返すと、だんだん「あー私、落ちこんでるんだなー」と客観的な視点が持てるように。

無になる"プチプチ"でshut out!

仕事では、すべてにおいて「意義と成果」が求められます。いったん、そういう思考レールから外れてみるのも気持ちのリセットにつながります。たとえば、緩衝剤の"プチプチ"をひたすらつぶして思考を無にする。黙々と続ければ、ネガティブ思考の悪循環から、自分を解放できるはず。

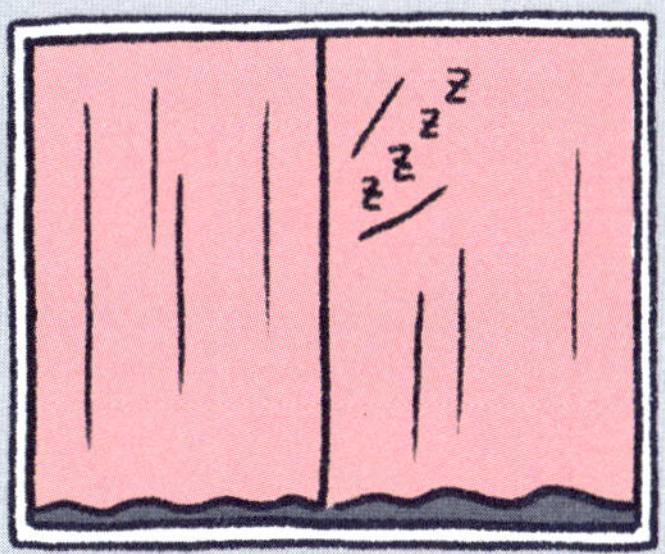

「何にもしない!」ことでshut out!

疲れを感じると、「何かをして疲れを解消しよう」としがちです。うまくいく場合もあるけれど、逆に「何かしよう」がさらにプレッシャーになることも。そんなときは、すべてを放棄して「何にもしない!」を実践してみます。「どかんと有給使って来月旅行!」より「今日はとりあえず、寝る」のほうが、現実に則した休息方法ということも。

NIGHT

毎日同じことのくり返し

前日から決めて 明日は何か、「初めて」を試してみる

何だか毎日つまらない。退屈。でも本当は、日常に絡め取られて気づいていないだけで、あなたを刺激してくれるものは世界にあふれています。明日は少しだけ「初めてのこと」を試してみませんか？

①“初めて”のメニューをなじみの店で

行きつけの店では、ついつい、お気に入りのメニューを注文しがちです。あえて、食べたことのないメニューを選ぶと、新しいおいしさに開眼できるかも。失敗しても「いつものあれは、やっぱりおいしい」と思い直すきっかけになります。

②“初めて”の駅で途中下車

ほんの2、3駅隣の駅や街も、ある意味、異国です。帰りに違う駅で降りてみると、いつもと空気が違うのを体感できるはず。また、わかりやすく自分の行動力を実感できるので、自信が湧いてくる効果も。

③“初めて”の果物を買う

デパ地下のフルーツ屋さんには、異国情緒ただよう果物がずらり。あえて、一度も食べたことないもの、初めて知った名前のものを選んでみると、香りや食感から新しい感覚が味わえて、挑戦心が湧いてきます。

④“初めて”自分から誘う

ゆっくり話をしてみたかった同僚、一度名刺交換しただけでいつか改めて…と思っていた社外の人などに、自分から声をかけてみます。受け身の姿勢ではなく、自分からアクションを起こすことで、相手との距離が近づくかも。

⑤“初めて”の棚を物色する

自分が手にとる雑誌や本、音楽、映画のジャンルは、おのずと決まっているもの。今まで一度も行かなかった「棚」をぶらついてみて。興味がないと思いこんでいるだけで、実はおもしろいものがあるかもしれません。

⑥“初めて”の美容を試す

帰りにパックを買ってみる、ネイルサロンに行く、まつげエクステをつけてみるなど、まだ試したことのない「自分がきれいになること」を実践。見た目が変わると、わかりやすく気分が変わります。

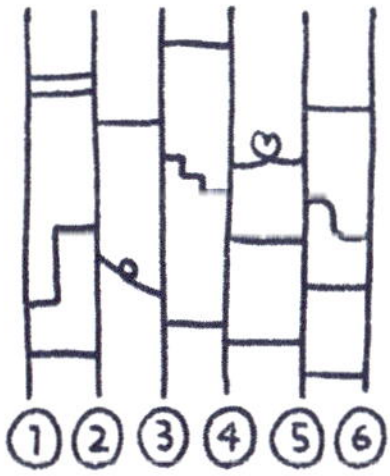

NIGHT

深い眠りにつきたい

ぐっすりスイッチを入れよう

「朝まで熟睡」を誘う6つの儀式

1 「おやすみなさい」と声に出して言う

ベッドに入ったら「おやすみなさい」と自分に向かって唱えてみると、シンプルに睡眠モードに入れます。ひとりだとなかなか言わないけれど、子供の頃は、これを言えば寝る時間だ、というスイッチが入っていたはず。

2 ホットドリンクでリラックス

温めた牛乳や豆乳、ハーブティー、ジンジャーティーなどの飲み物は、体が温まり、リラックス効果も高まります。とくに牛乳は、眠気を誘う効果につながるトリプトファンという成分が含まれているのでおすすめ。

「いいこと日記」をつける

3

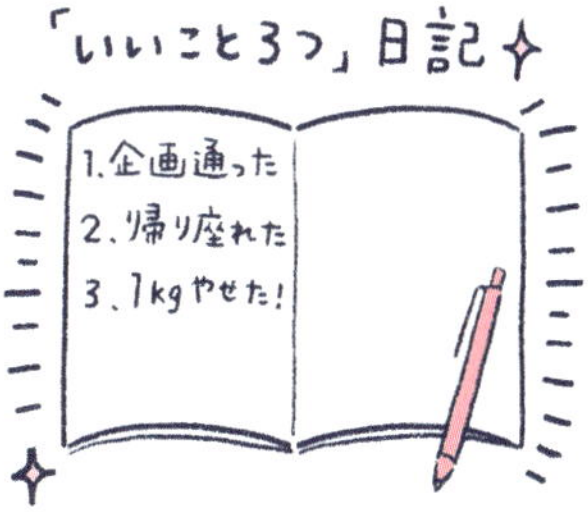

「今日はこれでおしまい」と締めくくりになるルーティンを作ると、体が眠るスイッチに切り替わります。今日あったいいことを、箇条書きで3つ、ノートに記入。これだけで「いい1日だった〜」と気分よく眠りにつけます。

自分の体の音を聞いてみる

4

布団の中で耳をふさいでみると、心臓の音、血液が流れる音が聞こえます。これがまるで、一種のヒーリングミュージックのよう。ふだん気づかない自分の内側の音に耳を傾けると、気づかないうちにとろ〜んとしてきます。

テレビ、スマホ、インターネットを封印

5

現代は、電子機器の刺激を受けっぱなしになりがち。眠る前1時間は、写真集を見たり、本を読んだり、爪にオイルを塗ったり、体をマッサージしたりする時間にあてて。

目をつむってイメージング

6

布団に入ってから、行ってみたい国や理想の旅行、美しい景色、なりたい自分、着てみたい服などを自由に思い描いて、心地よく夢の世界へ。イヤなことが頭に浮かんだら、大きなかわいい風呂敷にくるんでギュッとまとめてしまう想像を。

NIGHT

ぐっすり眠れる環境にしたい

朝まで快眠できる おやすみ部屋作りのコツ

星空でぐっすり

星空の明るさは快眠に最適なのだとか。室内で簡単に満天の星が眺められる「ホームスター」で、寝室をプラネタリウムにして夢心地に。

照明でぐっすり

蛍光灯の青白い明かりは、脳を覚醒する作用があるといわれています。眠る30分くらい前に蛍光灯は消して、黄色く温かな色合いの間接照明をオン。キャンドルの炎も、独特の不規則なリズムでリラックスをもたらします。

触感でぐっすり

肌触りのいい素材の枕やシーツは、触れるだけでリラックスできてうっとり。ほっとするパイル地、さらりとしたリネン、やさしい綿など、自分の「ドンピシャ素材」を見つけてみて。もふもふした抱きまくらも安心感を得られます。

温度でぐっすり

エアコンは暑すぎず寒すぎない温度に設定を。気持ちよく入眠できる室温は、夏場は26～28℃、冬場は18 ～23℃といわれています。

音楽でぐっすり

まったく音がないより、人がささやく程度の音があるほうが、アルファ波が出て安眠に効果があるそう。小鳥のさえずりや波の音など、自然のやさしい音で部屋を満たして。

アロマでぐっすり

体を休ませる効果があるのは、ラベンダー、バニラ、ティートゥリー、カモミールなど。専用のアロマランプがなくても、ティッシュに染みこませて枕元に置くだけでも効果アリ。

ツボでぐっすり

快眠のツボを押すのも効果的。頭頂部の、鼻と耳の延長線が交差する箇所にある「百会《ひゃくえ》」を中指で押してみて。また、耳の後ろの尖っている骨から、指1本分下に位置する「安眠《あんみん》」もおすすめ。

湿度でぐっすり

睡眠中の乾燥は、不快感のもと。冬場なら喉を傷めて風邪の原因にもなり、肌もカサつきます。ほどよい加湿を心がけて。ただし、季節によっては寝室は湿気がこもりやすいので、朝夕窓を開けるなどの換気を。

NIGHT

明日もまた仕事かー

「ごほうび言葉」で仕事への闘志が湧いてくる

明日のことを考えて気が滅入っているとき

だから、あすのことを思いわずらうな。あすのことは、あす自身が思いわずらうであろう。一日の苦労は、その日一日だけで十分である ――『新約聖書』マタイによる福音書

理想と現実のギャップに悩んだとき

なりたかった自分になるのに、遅すぎるということはない ――ジョージ・エリオット

なぜ自分が働いているのかわからなくなったとき

人は働きながら、その人となってゆく。人格を形成するといっては大げさだけれど、その人がどんな仕事をして働いてきたかと、その人がどんな人であるのかを、切り離して考えることはできない。 ――小関智弘

失敗にくよくよしているとき

君のいまの苦しみは、ひどく辛いもの
だからこそ、必ず和らぐ ——アラン

とにかく疲れて、絶望しているとき

おなか、すく？ 食欲ありますか？
それなら大丈夫、人生はこれからです。
——田辺聖子

仕事で悔しいことがあったとき

正しいことをしたければ、偉くなれ
——テレビドラマ『踊る大捜査線』より

「仕事辞めたいなぁ」と思ったとき

生きることは、働くこと。仕事をさせていただくことです。
自分にふさわしい、あるいは自分にできる仕事をさせていただいて、
それが人様の役に立つ。
それが生きがいというものです。
仕事があることはとても有り難いことです。 ——瀬戸内寂聴

とにかく辛いとき

…結婚、出産、育児、病気、家族の世話
…女性は仕事からの逃げ道をいくらでも持っている。
…もしあなたがプロとして生きたいと心から願っていたら、
これらの〝やめるための言い訳〟を使わないでほしい。
一生は短い。一生かかっても、
ひとつの仕事をみごとにやりとげることはむつかしい。
やりはじめた以上、かならずやりとげるという鉄の意志は、
じつは女性にこそ必要なのだと思う。 ——清川妙

NIGHT

うじうじ、くよくよ、悩んでるのは自分だけ!?

「働く」って、悪くない 仕事がしたくなる本リスト

自分の分身が見つかる

『ガール』

（奥田英朗著、講談社文庫）

30代の主人公たちは、〝女としての賞味期限〟を意識しつつも、日々自分の仕事に自信と誇りを持って頑張っています。「人生の半分はブルーだよ。既婚でも、独身でも、子供がいてもいなくても」という表題作「ガール」のセリフが印象的。立場は違っても、女はみんな合わせ鏡。女（＝ガール）であることを楽しみ、思う存分働ければ幸せ！　そんな気分になれる5つの物語。

ムダに思いわずらわないで

『考えない練習』

（小池龍之介著、小学館）

著者は僧侶。思考のノイズに苦しんでいる現代人に、五感を使ってラクになる生き方を提案しています。ねちねちした上司、感じの悪い後輩、職場のもやもやする人間関係に心をすり減らしている人におすすめ。何にも振り回されない、ニュートラルな気分になり、本来の自分を取り戻せるので「よし、イチから頑張ろう」という気持ちが湧いてきます。

自分の殻をなかなか破れない人へ

『神様に一番近い動物』

（水野敬也著、文響社）

「自分には才能なんてない」と嘆く、売れない女性ミュージシャンの前に、「星そのもの」が突然現れて…。頑張っているのに成果が出なくて悩んでいる方におすすめなのが、本書に収録されている『役立たずのスター』。ほかにも、明日革ジャンになる予定の子牛が主人公の表題作など、視点が変わり、心がリセットされる全7話を掲載。

誰もが必死で生きている

『3月のライオン』

（羽海野チカ著、白泉社）

15歳でプロ棋士になった孤独な少年、零が、温かい人たちとの交流で、少しずつ強くなっていく美しい物語。さまざまなプロ棋士が登場しますが、彼らの想像を超える努力と葛藤を知るだけで、仕事に向き合う心が奮い立ちます。

メラメラと働きたくなる

『働きマン』

（安野モヨコ著、講談社）

週刊誌の編集者である28歳の松方弘子は、恋愛より、寝食より、何より仕事。そんな野心あふれる主人公以外にも、男性受けがいいけれど妬まれている女性スポーツ記者など、いろんなタイプの働きマンが登場します。仕事スイッチをオンにする、名言満載。

一歩踏み出してみたくなる

『ランチのアッコちゃん』

（柚木麻子著、双葉文庫）

失恋した主人公・三智子に「ランチを交換しない？」と持ちかける強面の上司・アッコさん。最初は面倒だった三智子ですが、だんだん元気になっている自分に気づいて…。毎日のくり返しの中でも、ちょっとしたことで、幸せは生み出せる。心強い気持ちになれる1冊。

退屈は自分で抜け出せる

『本日は、お日柄もよく』

（原田マハ著、徳間書店）

気楽なOLだった主人公・こと葉は、とある結婚披露宴のスピーチに衝撃を受け、伝説のスピーチライターに弟子入り。初心者なのに、政治家のスピーチを手伝うことに。「言葉の力」に魅せられ、新しい一歩を踏み出していく姿に、エネルギーをもらえます。

働くスタイルは自分流でいい

『天才たちの日課 クリエイティブな人々の必ずしもクリエイティブでない日々』

（メイソン・カリー著、金原瑞人・石田文子訳、フィルムアート社）

161人の著名人の仕事の習慣をまとめた1冊。「二日酔いのときに仕事をするのは好きだ」と、暴飲暴食と夜更かしを常とした画家。毎朝6時起床、11時で仕事は終了。あとは何時間もかけて散歩するという生活を貫いた作曲家。「長時間働かなくても、豊かな結果を生むことはできる」と、1日6時間働くのを唯一の決まりとし、酒とタバコ、社交生活を愛した哲学者。仕事の流儀は人それぞれ、何でもアリなのだと思えてくる1冊。デスクに向かう気持ちが、すぅ〜っとラクになります。

NIGHT

寝たらまた朝かあ

起きるのが楽しみになる
明日への準備

ALARM CLOCK

いろんな目覚まし時計を用意

光に反応して起きるタイプや、30回くらい上げ下げしないと鳴りやまないエクササイズタイプ、アロマの香りを発散してくれるタイプなど、ユニークなものがたくさんあります。日替わりで目覚まし時計を変えてみても。

MUSIC TIMER

好きな音楽をタイマーに

iPhoneなら、目覚ましアラームに「ミュージック」内の音楽を設定することができます。さわやかな曲、元気な曲、やさしい曲など、明日の自分へのメッセージをこめて選んでみて。

FUN BREAKFAST

ホームベーカリーで部屋中いい匂い

焼きたてパンは幸せの香り。ベッドの中にいても、自然と食欲が湧いて目が覚めます。材料を入れてタイマーをセットするだけ。

朝ごはんスイーツをリストアップ

老舗洋菓子店の名物や、お取り寄せなどの中から「いつか食べてみたかった!」スイーツをリストアップ。買っておいて朝ごはんに用意すれば、食べるのが待ち遠しくなります。

いろんな種類の紅茶やコーヒーを用意

朝ごはんを食べる余裕がなくても、いろんな種類のティーバッグ、ドリップコーヒーを用意しておくと「選ぶ楽しみ」が生まれます。

愛着の持てる朝食グッズを

バタートーストをよく食べる人なら、バターケースとバターナイフを買ってみるなど、ちょっと高くても使いやすくて高級感のあるものを選んでみて。毎朝のルーティンに、愛着が湧いてきます。

この本を読んでくださった方の多くは、
きっと、何かしらお仕事をされている方だと思います。

仕事が嫌いなわけじゃないのに、体が重い。
わけもなくもやもやする。
会社に行くのが、何となく気だるい。

でも、そんなストレス、きっとあなたが
毎日お仕事を頑張っているからこそ、だと思うのです。

「頑張ったプロセスよりも、目に見える結果が大事」。
きっと、社会で評価されやすいのは、そういうことです。

だけど「プロセス」だって、1つの「結果」。
働くあなたの姿勢、言葉、振る舞い、存在それ自体が、
職場の空気を作り、仕事を動かしているのは間違いありません。

そう、いつも、責任感を持って毎日働いているあなたのおかげで
この世界は動いています。

どうか「そんな大げさな」と、謙遜しないでください。
どんなにささやかに見える仕事だって
誰かの幸せに、必ずどこかでつながっているんです。

だから、そんなあなたの「仕事時間」を支えることは、
あなたはもちろん、
無数の「誰か」の幸せを支えることになります。
そんな壮大なおせっかいが、この本のお仕事です。

明日も、どうかお元気で。
無理せず、楽しく、いってらっしゃい。

参考文献

『通勤電車で座る技術！』（万大著、サンマーク出版）

『働く理由　——99の名言に学ぶシゴト論。』（戸田智弘著、ディスカヴァー・トゥエンティワン）

『怒らない技術』（嶋津良智著、フォレスト出版）

『仕事ができる人の「デスクトップ」は美しい』（日本タイムマネジメント普及協会監修、すばる舎リンケージ）

『言いにくいことの上手な伝え方』（杉山美奈子著、すばる舎）

『誰とでもラクに話せるコツ　101』（今井登茂子著、高橋書店）

『メモで身につく日常英語』（リサ・ヴォート著、実業之日本社）

『にっこりが伝わる　ふせん習慣の始めかた』（Yuzuko著、メディアファクトリー）

『カワイイ　ふせん活用BOOK』（Killigraph著、玄光社）

『葉書はサッと書く』（清川妙著、講談社）

『清川妙のあなたも手紙上手になれる』（清川妙著、主婦の友社）

『礼儀正しい人の手紙の書き方とマナー』（高橋書店編集部・編、高橋書店）

『できる大人のひとこと手紙』（むらかみかずこ著、高橋書店）

『結果を出す人のメールの書き方』（中川越著、河出書房新社）

『メール感覚！　ツキを呼びこむ「ひと言レター」』（杉山美奈子著、講談社）

『漱石からの手紙　人生に折り合いをつけるには』（中川越著、CCCメディアハウス）

『あなたの美を引き出す　正しいヘア＆メイク事典』（尾花けい子・朝日光輝著、高橋書店）

『ママになるとき、ママになったらマナー手帖　冠婚葬祭編』
（岩下宣子＋チーム住まいと暮らし監修・執筆、住まいの学校）

『しぐさ美人手帳』（鈴木あつこ著、PHP研究所）

『世界一美しい食べ方のマナー』（小倉朋子著、高橋書店）

『お仕事のマナーとコツ』（西出博子監修、伊藤美樹・絵、学習研究社）

『暮らしの実用シリーズ　決定版　大人の常識とマナー』（学研教育出版）

『自分をバージョンアップする　外食の教科書』（本郷義浩著、CCCメディアハウス）

『知ってるようで知らない　ものの順序』（ことば探偵団著、幻冬舎）

『ひらがな暦　三六六日の絵ことば歳時記』（おーなり由子著、新潮社）

『なんにもしたくない！　ちょこっと、自分を、休ませてあげる本』（森川那智子著、すばる舎）

『ちょいワザ文具術　毎日のシゴトがはかどるときめき★アイデア』（宇田川一美著、ポプラ社）

『なぜ、あなたの仕事は終わらないのか　スピードは最強の武器である』（中島聡著、文響社）

『自分をゆるめる　夜の儀式』（あきたいねみ著、かんき出版）

『自分をひらく　朝の儀式』（あきたいねみ著、かんき出版）

『いつもハッピー！　スッキリ朝とゆったり夜』（金子由紀子監修、ひらいみも・絵、PHP研究所）

『ラジオは脳にきく』（板倉徹著、東洋経済新報社）

『いちばん探しやすい　フローリスト花図鑑』（宍戸純監修、世界文化社）

『知って役立つ　色の事典』（七江亜紀監修、宝島社）
『いろいろあるんだ！　数の性格』（高岡昌江著、アリス館）
『もしも数字がしゃべったら』（高岡昌江・文、すがわらけいこ・絵、アリス館）
『雨のことば辞典』（倉嶋厚・原田稔・編著、講談社）
『食べて治す・防ぐ医学事典　おいしく・健康・大安心』（日野原重明総監修、中村丁次監修、講談社）
『21時から作るごはん　ローカロリーのかんたんメニュー』（行正り香著、講談社）
『終電ごはん』（梅津有希子・高谷亜由著、幻冬舎）
『オトナ女子の不調をなくす　カラダにいいこと大全』（小池弘人監修、サンクチュアリ出版）
『食べる美女肌セラピー　体の中からキレイになる』（伊達友美著、エクスナレッジ）
『生理が楽しみになる本　～知って、やって、身体が変わる！～』（京谷奈緒美著、松鳥むう・まんが、講談社）
『あたらしいアロマテラピー事典』（木田順子著、高橋書店）
『1日5分で会社の数字に絶対強くなる！』（山口文紀著、日本能率協会マネジメントセンター）
『「闇学」入門』（中野純著、集英社新書）
『マウスより速くて簡単!! パソコン1秒操作法 おぼえて使いたいショートカットキー』（アスキー書籍編集部・編、アスキー新書）
『できるポケット 一瞬で差がつくPC活用術 ショートカットキー全事典』（株式会社インサイトイメージ＆できるシリーズ編集部著、インプレス）
『今すぐ使えるかんたんWord&Excel&PowerPoint2013』（技術評論社編集部＋AYURA＋稲村暢子著、技術評論社）
『意外と知られていない　給与明細と節税の謎を解く』（田中卓也著、シーアンドアール研究所）
『図解　給与明細のカラクリと社会のオキテ〔第3版〕』（落合孝裕著、秀和システム）
『会社の数字に強くなる本』（藤本壱著、日本実業出版社）
『財務・会計のレシピ』（山口文紀著、日本能率協会マネジメントセンター）
『愛しの文房具』（2011年6月10日発行、枻出版社）
『オレンジページ』（2016年2月17日発行、オレンジページ）
『VERY』（2016年3月号、2016年2月7日発行、光文社）
『Baby-mo』（2015年12月15日発行、2015-2016冬春号、主婦の友社）
『日経WOMAN』（2016年3月号、日経BP社）
「non•no」（2016年5月号、2016年3月20日発行、集英社）

引用文献

● **36-37ページ**

『EIWA MOOK 海外セレブ名言集』（英和出版社）
『ことば薬』（主婦の友社・編、主婦の友社）
『わたしの出会った大切なひと言』（真宗大谷派東京教区・編、クレスト社）
『ココ・シャネル　女を磨く言葉』（高野てるみ著、PHP文庫）
『シンプルに生きる　変哲のないものに喜びをみつけ、味わう』（ドミニック・ローホー著、原秋子訳、幻冬舎）
『佐藤愛子の箴言集　ああ面白かったと言って死にたい』（佐藤愛子著、海竜社）

● 58-59ページ

◎名言ナビ
www.meigennavi.net

● 212-213ページ

『幸せになる知恵を贈る　坂東眞理子の「わたし」磨きの名言集』（坂東眞理子著、世界文化社）

『働く理由　——99の名言に学ぶシゴト論。』（戸田智弘著、ディスカヴァー・トゥエンティワン）

『幸福論』（アラン著、村井章子訳、日経BP社）

『上機嫌な言葉366日』（田辺聖子著、海竜社）

『生きることば　あなたへ』（瀬戸内寂聴著、光文社文庫）

『つらい時、いつも古典に救われた』（清川妙著、早川茉莉・編、ちくま文庫）

参照HP

◎国土交通省　気象庁
www.data.jma.go.jp

◎自転車通勤スタートガイド
www.jitensyatsuukin.com

◎東京西川
www.nishikawasangyo.co.jp

◎ソフィ
www.sofy.jp

◎知っておきたいがん検診
www.med.or.jp/forest/gankenshin/

◎全日本コーヒー協会
coffee.ajca.or.jp

◎リプトン
www.lipton.jp

◎株式会社大内茶園
oouchi-cha.com

◎UCC
www.ucc.co.jp

◎Ladies Shoes shop kila kila
shop-kilakila.com

もやもや
食べすぎ
ちゃった
つらくなったら
いつでも僕を
よんでね!!
ゲフッ

明日、会社に行くのが楽しみになる

お仕事のコツ事典

2016年9月20日　第1刷発行

編者：文響社編集部

デザイン：髙橋朱里、菅谷真理子（マルサンカク）

イラスト：なかきはらあきこ

編集協力：渡辺のぞみ

協力：伊藤源二郎　大橋弘祐　大場君人　清村菜穂子
小寺練　下松幸樹　菅原実優　須藤裕亮　竹岡義樹
寺村卓朗　芳賀愛　林田玲奈　樋口裕二　古川愛
前川智子　宮本沙織　安井彩

編集：谷綾子

発行者：山本周嗣

発行所：株式会社文響社
〒105-0001　東京都港区虎ノ門1-11-1
ホームページ　http://bunkyosha.com
お問い合わせ　info@bunkyosha.com

印刷・製本　株式会社廣済堂

　ISBNコード：978-4-905073-54-3
Printed in Japan
この本に関するご意見・ご感想をお寄せいただく場合は、郵送またはメール（info@bunkyosha.com）にてお送りください。

OSHIGOTO NO KOTSU